어린이집 프로그램 관찰척도

:사용지침

연구책임자 : 이은해
공동연구자 : 최혜영 송혜린 신혜영

 다음세대

머 리 말

　최근 우리나라의 보육시설과 보육 아동의 수는 영유아보육법 시행과 1990년대 후반 보육 확충 3개년 계획에 의해 양적으로 크게 성장하였으나 보육의 질적 개선을 위한 노력은 이에 따르지 못하고 있다는 비판이 제기되고 있다. 본 지침서는 이러한 배경에서 보육의 질을 향상시키기 위한 노력의 하나로 보육 프로그램의 질을 평가할 수 있는 관찰척도를 소개함과 동시에 적용 방법을 안내하기 위해 집필되었다.

　이 책에서 소개할 『어린이집 프로그램 관찰척도』는 보육 프로그램을 다각적인 관점에서 평가할 수 있는 일련의 평가 도구 개발 연구에 의해 이루어졌으며, 관련 학술지를 통해 연구 결과를 발표한 바 있다. 여기에서는 실제 사용자를 위해 필요한 부분만을 간추려 소개하고, 기술 평정척도의 각 단계별 점수에 대한 기준의 해설과 척도의 적용에 초점을 두어 설명하고자 한다. 무엇보다도 본 연구의 필요성을 인식하고 2년간 연구비를 지원해주었으며, 기꺼이 연구 대상 기관으로의 참여를 독려한 삼성복지재단에 깊이 감사를 드린다. 그간 예비 조사와 본 조사, 타당화 연구 등 여러 번에 걸쳐 자체 평가에 응해주고 보육시설을 개방하여 관찰할 수 있도록 참여해준 여러 어린이집의 원장과 교사들에게 특별히 감사를 드린다. 또한 관찰 훈련 과정을 거쳐 보육시설 현장을 직접 관찰하고 자료를 수집한 박진재 박사, 정선영, 손승희, 한혜원, 박영신에게도 감사의 마음을 전하고자 한다. 여러분들이 보여준 보육의 질에 대한 관심과 지원, 적극적인 협조 없이는 이 연구의 결실이 빛을 보기 어려웠을 것이다.

　보육시설의 평가 인정제가 활발히 논의되고 있는 시점에서 본 척도가 사용 지침에 따라 보육현장에서 활용됨으로써 우리나라 보육시설의 질 향상에 도움이 되기를 기대하며, 부족한 부분에 대한 의견과 조언을 기탄 없이 보내주기를 바란다.

2003년 8월
저자

목 차

제1부
Ⅰ. 어린이집 프로그램 관찰척도

▌Ⅰ. 어린이집 프로그램 관찰척도

1. 관찰척도의 성격과 목적

『어린이집 프로그램 관찰척도(Observation Scale for Day Care Programs)』는 만1세에서 5세 영유아를 대상으로 하는 보육시설의 전반적인 질적 수준을 직접 관찰하여 평가하기 위한 목적으로 개발되었다. 그동안 우리나라에서 개발된 보육 프로그램 평가척도는 주로 외국 평가 도구의 번역에 의존하였고, 프로그램 평가 도구의 대부분은 유치원을 중심으로 한 유아 교육 프로그램에 초점이 맞추어져 있었다. 뿐만 아니라 직접 관찰을 통해 평가할 수 있는 도구는 소수에 불과한 실정이다.

이 책에 제시할 『어린이집 프로그램 관찰척도』는 우리나라 보육시설의 프로그램을 평가하는 데 기여할 수 있는 다각적인 관점의 평가 도구 세트 개발에 관련된 일련의 연구(이은해 · 송혜린 · 신혜영, 2001)에 의해 이루어졌다. 일차적으로 원장이나 교사가 자체 평가에 활용할 수 있는 3종류의 평가척도가 개발되었고, 관찰척도는 자체 평가 결과를 보완하고 보다 객관적인 현장 평가를 위해서 고안된 것이다. 특히 본 척도는 우리나라 보육시설에 종사하는 전문가와 관련 분야의 학계 전문가들의 견해를 반영하고, 우리나라 보건복지부의 시설 설비 기준에 기초하여 제작되었으며, 영아반 프로그램 내용이 포함되었다는 점에서 널리 활용될 수 있을 것이다. 본 어린이집 프로그램 관찰척도는 다음의 기본 틀을 가지고 개발되었다.

첫째, 관찰척도의 적용 대상은 만1세에서 5세 영유아를 교육하고 보호하는 보육시설로 한다. 보육시설 중에서 가정 보육시설은 시설 규모가 작고 환경에 차이가 크므로 본 척도를 그대로 적용하기에는 무리가 있을 것이다.

둘째, 본 척도는 우리나라 보육시설의 시설 설비 기준을 참조하여 평정 기준을 설정한다.

셋째, 관찰척도의 문항 평정 기준은 3단계 기술평정척도(descriptive rating scale)에 의한다. 각 문항별로 '우수한 질적 수준(3점), 부분적으로 우수하거나 최소한의 기준에 부합되는 수준(2점), 부적절한 수준(1점)'을 구체적으로 서술함으로써 평가 문항별 채점에서 객관성을 높이고 해석에 지침을 제공한다.

넷째, 관찰척도는 보육 프로그램의 객관적 평가를 위해 단독으로 또는 자체 평가척도와 함께 사용될 수 있다. 관찰척도를 자체 평가척도와 함께 사용하고자 할 때에는 자체 평가 결과를 확인(validate)하거나 보완하는 목적으로 사용될 수 있다.

보육 프로그램에 대한 체계적인 평가는 보육 프로그램의 질을 향상시키고 유지하는 데 필수적이며, 평가 결과는 프로그램을 이루고 있는 요소들의 강점과 약점을 비교할 수 있는 기초가 된다. 그러므로 보육 프로그램의 질적 수준을 높이기 위해 프로그램의 실제를 객관적으로 직접 관찰하여 평가해보는 것이 중요하다.

보육시설의 원장과 교사는 자체 평가척도를 사용해 보육 프로그램을 스스로 평가해볼 뿐 아니라 관찰척도를 통한 객관적인 검증을 통해 보다 정확한 판단에 이를 수 있다. 이러한 과정을 통해 영유아의 성장과 발달을 도모할 수 있는 질높은 보육 환경과 경험을 제공할 수 있을 것이다.

2. 평가 영역과 구성

보육 프로그램의 질적 수준을 평가하기 위해 고려되어야 할 영역은 시설의 설립 주체, 프로그램 특성, 대상 연령 등에 따라 차이가 있을 수 있다. 본 관찰척도는 자체 평가척도와 연계하여 사용할 목적도 갖고 있었으므로 보육 프로그램의 전반적 측면을 포괄하여 작성되었다. 특히 보육시설의 환경 요소와 영유아가 갖는 경험 요소를 중심으로 평가하고자 하였다. 따라서 자체 평가용으로 제작된 운영 관리 평가척도, 영아반 평가척도, 유아반 평가척도에서 관찰이 가능하고 이상의 2가지 요소를 포함한 양호한 문항으로 선정하여 관찰척도 문항과 영역이 설정되었다.

관찰척도의 평가 영역은 (A)물리적 환경, (B)건강·안전·영양, (C)학습 환경, (D)교육 경험 및 활동, (E)교사-영유아 상호작용이다. 이 5개 영역 중에서 물리적 환경과 건강·안전·영양의 두 영역은 보육시설을 전반적으로 관찰하여 평가하였으며 학습 환경, 교육 경험 및 활동, 교사-영유아 상호작용은 영아반과 유아반 보육실을 직접 관찰하여 평가하도록 한다. 각 영역에 속한 하위 영역 및 문항수는 〈표 1〉과 같다.

〈표 1〉 어린이집 프로그램 관찰척도의 영역 및 문항수

영역 및 하위 영역	하위 영역 문항수	영역 문항수
A. 물리적 환경		11
실내 공간과 설비	5	
실내외 시설과 설비의 안전	3	
실외 공간과 설비	3	
B. 건강·안전·영양		11
실내 시설의 청결과 위생	4	
급·간식의 관리	2	
유아의 건강과 안전	5	
C. 학습 환경		19
영아반 : 보육실의 구성	1	
놀잇감의 구비 정도	7	
유아반 : 보육실의 구성	4	
놀잇감과 교재의 구비 정도	7	
D. 교육 경험 및 활동		14
영아반 : 놀이 경험과 활동	3	
유아반 : 활동의 균형과 선택 가능성	4	
다양한 놀이와 활동	7	
E. 교사-영유아 상호작용		18
영아반 : 언어적 상호작용	3	
교사의 수용적·반응적 태도	2	
긍정적 행동 지도	3	
유아반 : 교사의 수용적·반응적 태도	3	
언어적 상호작용	2	
긍정적 행동 지도	3	
놀이 참여와 확장 관련 상호작용	2	
전 체		73

〈표 1〉에 나타난 바와 같이 어린이집 프로그램 관찰척도는 5개 영역에 해당하는 전체 73개의 문항으로 구성되어 있다. 각 문항은 1·2·3점 평정의 3가지 기준이 설정되어 있으며, 각 문항에 대한 3점 평정의 기준은 제 Ⅴ장에 상세히 서술되어 있다.

본 척도에서 선정된 5개 영역의 의미를 간략히 살펴보면 다음과 같다.

1) 물리적 환경

물리적 환경은 환경 내에서 활동하는 성인과 영유아의 행동에 영향을 미치며, 특히 영유아기는 다른 어느 시기보다 환경에 의해 많은 영향을 받는다. 물리적 환경 내의 공간에 여유가 있고 쾌적하며 시설·설비가 잘 갖추어져 있을 때 활동에 제한을 받지 않고 다양한 교육 경험을 제공할 수 있다. 따라서 실내 공간의 크기, 공유 공간 내의 시설·설비의 적합성과 안전성, 실외 공간 구성과 설비 등을 평가 내용으로 한다.

2) 건강·안전·영양

영유아에게 청결하고 안전한 환경의 제공 그리고 적절한 영양의 공급은 기본적 욕구의 충족 면에서 필수적이다. 우수한 질의 보육 프로그램은 영유아의 기본적 욕구를 충족시킬 뿐 아니라 이를 통해 건강하고 안전한 생활에 대한 습관도 형성할 수 있게 한다. 따라서 이 영역은 실내 시설의 청결과 위생, 급·간식 관리 그리고 영유아의 건강과 안전 관리 등을 주 내용으로 평가한다.

3) 학습 환경

영유아는 구체적인 사물을 통해 학습이 이루어지므로 발달 수준에 맞는 환경 구성과 교재·교구의 구비가 중요하다. 따라서 영아 보육실과 유아 보육실이 발달적으로 적합하게 영역을 구성하고 있는지 그리고 각 영역의 설비와 교재·교구가 다양하게 구비되어 있는지를 이 영역의 평가 내용으로 한다.

4) 교육 경험 및 활동

보육시설은 영유아를 단순히 보호해주는 데 그치지 않고 발달적으로 적합한 그리고 교육적으로 의미 있는 경험을 제공해야 한다. 영유아가 다양하고 적합한 놀이 및 활동에 능동적으로 참여하고 구체적으로 경험함으로써 세상에 대해 학습할 기회가 생기고 최적의 발달을 이룰 수 있다. 따라서 이 영역에서는 영아반과 유아반에서 발달적으로 적합한 놀이와 학습 활동이 얼마나 다양하게 진행되는지 그리고 활동 간의 균형과 선택 가능성에 중점을 두어 평가한다.

5) 교사-영유아 상호작용

보육 프로그램의 질적 수준과 가장 관련성이 높은 변인 중의 하나가 교사와 영유아 간의 상호작용이다. 영유아가 성인과 긍정적이고 개별화된 친밀한 관계를 형성할 때 최적의 발달을 이룰 수 있으며, 특히 교사의 언어적 상호작용의 질과 양이 프로그램의 질적 요소와 관계가 높다. 따라서 이 영역은 영아반과 유아반에서 교사와 영유아 간의 언어적 상호작용이 적절한지, 교사가 수용적이고 반응적인 태도를 보이는지, 긍정적인 방식으로 행동 지도가 이루어지는지에 초점을 두고 평가한다.

Ⅱ. 관찰척도의 개발 과정 및 연구 결과

Ⅱ. 관찰척도의 개발 과정 및 연구 결과

『어린이집 프로그램 관찰척도』는 모두 2년간의 연구 과정을 거쳐서 개발되었다. 제 1차년도의 예비 연구(이은해·송혜린·신혜영·최혜영, 2002)에서는 어린이집 프로그램을 자체적으로 평가할 수 있는 운영 관리 평가척도, 영아반 평가척도, 유아반 평가척도가 개발되었으며 이 3가지 자체 평가척도의 문항에 기초하여 관찰척도가 구성되었다. 제 2차년도에는 예비 연구에서 수정된 3개의 자체 평가척도와 관찰척도의 타당도 및 신뢰도를 검토하는 타당화 연구가 이루어졌다(이은해, 2002). 다음에서 관찰척도의 예비 연구와 타당화 연구의 내용을 간략히 서술하고자 한다.

1. 예비 연구

1) 예비 실시용 프로그램 관찰척도의 제작

예비 실시용 관찰척도는 자체 평가용으로 제작된 운영 관리 평가척도, 영아반 평가척도, 유아반 평가척도에서 관찰이 가능하고 양호한 문항으로 선정하되 보육시설의 환경 요소와 영유아가 갖는 경험 요소를 중심으로 구성되었다. 이에 따라 예비 실시용『어린이집 프로그램 관찰척도』는 프로그램의 전반적 질을 평가하는 5개 영역을 선정하고, 각 영역별로 11~20개 문항을 이루어 총 80문항으로 제작되었다. 평가 영역은 '물리적 환경 (11문항)', '건강 · 안전 · 영양(15문항)', '학습 환경(20문항)', '교육 경험 및 활동(19 문항)' 그리고 '교사-영유아 상호작용(15문항)'이었다. 예비척도 문항에 대한 관찰 평정 은 3단계 기술 평정으로써 질적 수준에 따라 3점, 2점, 1점으로 표기하도록 하였다. 관찰 척도는 관찰자의 현장 기록을 용이하게 돕기 위해 관찰척도 기록지를 별도로 제작하였으 며, 관찰척도 기록지는 각 문항과 기준의 내용을 핵심만 요약하여 표(부록2)로 만든 것이 다. 또한 제한된 시간 내에 관찰이 안 되는 문항을 위해 각 문항마다 관찰 안 됨(N/O) 항목을 추가시키고, 기준 외의 관찰 사항을 자유롭게 기록할 수 있는 여백을 포함시켰다.

2) 예비 실시 대상 및 절차

관찰척도의 예비 실시는 19개 어린이집을 임의 표집하여 이루어졌다. 이들 기관은 자 체 평가용 척도의 자료 수집 대상인 87개 기관 중에서 삼성 어린이집 16곳, 국공립 어린 이집 3곳을 표집하였다. 또 지역별로는 서울 · 경인 지역이 13곳, 중부 지역 2곳, 영호남 지역 4곳이었다. 현장 관찰은 유아 교육 현장 경험이 있는 아동학 석사 4명에 의해 훈련 과정을 거쳐서 실시되었다. 관찰자는 각 기관을 오전 9시경부터 오후 1시경까지 방문하 여 기관 전체의 물리적 환경과 건강 · 안전 · 영양에 관해 관찰하고, 기관의 영아반 1학급 과 유아반 1학급을 무선표집하여 보육실 내의 학습 환경, 교육 활동, 교사와의 상호작용 을 관찰하였다. 관찰한 내용은 관찰척도 기록지에 3점 척도로 표기하고, 관찰이 안 되는 문항은 N/O에, 의문이나 특기 사항은 여백에 기록하도록 하였다.

3) 연구 결과

예비 실시를 통해 수집된 자료는 예비척도의 (1)기술적 자료를 위해 영역별 평균과 표 준 편차를 산출하고, (2)관찰척도의 신뢰도 검토를 위해 영역별 Cronbach α계수와 관찰 자간 신뢰도를 산출하였으며, (3)문항 검토를 위해 문항별 반응 분포를 살펴보았다.

첫째, 관찰척도의 영역별 문항 점수의 평균은 3점 척도에서 2.03부터 2.39로 나타났 다. 영역별로 보면, 물리적 환경이 2.39, 학습 환경과 교사-영유아 상호작용이 2.36으로 높은 편이었고, 그 다음 건강 · 안전 · 영양은 2.14, 교육 경험 및 활동이 2.03으로 가장 낮았다.

둘째, 예비 실시용 척도의 내적 합치도 지수 Cronbach α계수와 관찰자간 신뢰도를 산 출한 결과 전체 척도에서 α계수는 .85로 나타났고, 영역별로는 .80에서 .91의 범위로 나타나 본 척도가 영역별로 일관된 내용을 평가하고 있다고 해석할 수 있다. 관찰자 간 신뢰도는 2명이 독립적으로 관찰한 결과의 상관계수가 전체 척도에서 .79, 영역별로는 .70에서 .85로 나타나서 신뢰도 면에서 수용할 만한 수준을 보여주었다.

셋째, 척도를 이루고 있는 전체 문항 각각에 대해 문항 평정 점수별 빈도, 문항 평균 및 표준 편차 그리고 문항 삭제에 따른 α계수의 변화를 살펴보고, 문항 내용을 고려하여 삭제하거나 수정하였다. 결과적으로 영아반의 교육 경험 및 활동에 관련된 문항들은 통합하였고 건강·영양·안전에서 α를 낮추는 2개 문항이 삭제되었다. 반면 교사-영유아 상호작용에서는 영아반과 유아반 문항의 균형 및 내용의 중요도에 의해 3개 문항이 추가 포함되었다.

이상의 예비 실시 결과에 기초하여 어린이집 프로그램 관찰척도는 5개 영역의 73문항으로 완성되었다.

2. 타당화 연구

제 2차년도 연구는 1차년도에서 예비 조사를 거쳐 완성된 관찰척도의 신뢰도를 재검토하고 타당도를 검증하는 절차로 이루어졌다. 이러한 절차를 통해 관찰척도가 객관성과 타당성의 증거를 확보하며 보육시설의 프로그램을 관찰하고 질적 수준을 평가하고자 할 때 유용하게 활용될 수 있기 위해서이다.

1) 타당화 연구의 대상

연구의 대상 기관은 전국의 삼성 어린이집 30개소와 각 어린이집이 그 지역에서 추천한 국·공립 어린이집 34개소, 그 외 해당 지역에서 연구자의 협조에 응한 25개소 등 총 89개 어린이집을 대상으로 하였다.

2) 연구 도구 및 실시 절차

관찰척도의 타당화를 위해 사용된 도구는 본 척도 개발의 모체라고 할 수 있는 자체 평가용 어린이집 프로그램 평가척도 3개와 '유아 교육 프로그램 평가척도: 간편형(이은해·이기숙, 1996)'이 선정되었다. 자체 평가척도를 선정한 것은 어린이집 관찰척도의 결과가 기관의 원장 및 교사에 의한 자체평가를 얼마나 잘 반영하는가를 알아보기 위함이었다. '유아 교육 프로그램 평가척도: 간편형'은 주로 만3세에서 5세를 대상으로 한 유치원 교육 프로그램의 자기 평가 도구로써 외적 준거로 선택되었다. 이 척도는 5개 영역의 80문항으로 이루어져 있으며, 3단계 기술평정척도로 원장이나 원감이 응답하게 되어 있다.

자료 수집은 대상 어린이집 89개소에서 2002년 1월 10일에서 2월 8일 사이의 약 4주간에 걸쳐 이루어졌으며, 자체 평가척도를 우송함과 동시에 기관별로 협조 의뢰 공문을 발송하였다. 운영 관리 평가척도는 해당 기관의 원장이나 원감에 의해 평가하도록 했으며, 영아반 평가척도와 유아반 평가척도는 원장이 해당 연령을 한 학급씩 임의로 선정하여 해당 학급의 교사가 스스로 평가하도록 한 후 반송용 우편으로 모두 수거하였다.

관찰을 위한 현장 방문은 기관별로 위와 동일한 기간에 이루어졌다. 관찰자는 1차년도에 참여한 관찰자 4명을 포함하여 모두 8명으로 현장 경험이 있고 아동학 석·박사 과정생 또는 석사 후 연구원으로 구성되었다. 관찰자 훈련과 예비 관찰을 거쳐 채점자간 신뢰도 산출을 한 후, 필요하면 추가 관찰 훈련을 하였다. 본 관찰은 각 기관을 1명의 관찰자가 오전 9시부터 오후 1시경까지 방문하여 실시하였다. 현장 방문시 준거척도인 '유아 교육 프로그램 평가척도 간편형'을 배부하고 당일 관찰이 끝난 후 수거하도록 하였다.

3) 신뢰도

관찰척도의 신뢰도 검증은 내적 합치도인 Cronbach α와 관찰자간 신뢰도를 분석하였다. 척도의 영역 및 전체에 대한 α계수를 제시하면 다음의 〈표 2〉와 같다.

〈표 2〉관찰척도의 영역별 문항수와 Cronbach α계수

관찰척도 영역	문항수	Cronbach α
물리적 환경	11	.85
건강·안전·영양	11	.83
학습 환경	19	.93
교육 경험 및 활동	14	.85
교사-영유아 상호작용	18	.92
전 체	73	.95

〈표 2〉에 의하면 관찰척도의 내적 합치도는 전체 척도에서 .95, 영역별로는 .83에서 .93에 이르고 있다. 즉, 관찰척도의 전체 문항 및 각 영역별 문항 간에 내적 일관성이 비교적 높다고 할 수 있다.

관찰자간 신뢰도는 훈련된 8명의 관찰자가 2명씩 짝지어 3개 기관을 독립적으로 관찰

한 후, 영역 및 전체에 대해 상관계수(r)와 문항별 평정의 일치도(%)를 산출하였다. 관찰자 간 신뢰도 자료는 〈표 3〉에 제시되어 있다.

〈표 3〉 관찰자 간 점수의 상관계수 및 평정 일치도

관찰척도 영역	상관계수	평정 일치도(%)
물리적 환경	.74	84
건강 · 안전 · 영양	.95	84
학습 환경	.76	82
교육 경험 및 활동	.96	85
교사-영유아 상호작용	.96	83
전 체	.92	84

〈표 3〉에서 보면 관찰자 간 영역별 상관계수는 .74에서 .96으로 평정의 일치도는 82%에서 85%로 나타났다. 전체 척도에서 상관계수는 .92를, 일치도는 84%를 보이고 있다. 따라서 관찰자 간 신뢰도 수준은 비교적 양호하다고 할 수 있다.

4) 타당도

척도의 타당도 검증을 위해서는 구인 타당도와 공인 타당도에 관련된 자료가 분석되었다. 구인 타당도 검증을 위해 2가지 분석이 이루어졌다. 첫째로 관찰척도의 결과가 원장 및 교사에 의한 자체 평가를 얼마나 잘 반영하는지를 알아보고자 하였고, 둘째로 어린이집 관찰척도의 영역 간 상호상관을 분석하였다. 첫번째 분석을 위해서는 3종류의 자체 평가척도 총점에 의해 상 · 중 · 하 집단을 나누고, 이 세 집단의 관찰척도 영역별 평균 점수 차이를 F검증하였다. 3가지 자체 평가척도의 결과가 모두 유사한 패턴으로 나타났으므로 여기에서는 운영 관리 평가척도를 적용해 나온 결과를 다음의 〈표 4〉에 제시하고자 한다.

〈표 4〉 운영 관리 평가척도 상 · 중 · 하 집단에 따른 관찰척도 영역별 점수의 차이

운영 관리 관찰척도	상(n=30) M(SD)	중(n=29) M(SD)	하(n=30) M(SD)	F
물리적 환경	2.62(.31)[a]	2.22(.45)[b]	1.98(.28)[c]	24.75***
건강 · 안전 · 영양	2.57(.26)[a]	2.32(.33)[b]	2.16(.32)[b]	13.54***
학습 환경	2.47(.39)[a]	2.07(.49)[b]	1.76(.26)[c]	25.12***
교육 경험 및 활동	2.32(.42)[a]	1.99(.43)[b]	1.86(.31)[b]	11.17***
교사-영유아 상호작용	2.60(.40)[a]	2.25(.43)[b]	2.18(.36)[b]	9.68***

[abc] 다른 문자는 Sheffé 검증 결과 유의한 차이를 나타낸다.

***$p < .001$

〈표 4〉에 의하면, F검증 결과 집단 간 차이가 모든 관찰척도의 영역에서 유의한 것으로 나타났다. F검증이 유의하므로 어떤 집단 간의 차이가 유의도에 기여했는가를 알기 위해 사후검사로 Sheffé검증을 실시하였다. Sheffé검증 결과에 따르면, 상집단은 중집단 또는 하집단과 모든 영역에서 유의한 차이를 보이고 있다. 중집단과 하집단 간의 차이가 유의한 영역은 '물리적 환경'과 '학습 환경'이며, 다른 세 영역에서는 중집단과 하집단 간 차이가 유의하지 않았다. 따라서 관찰척도의 점수는 원장이 운영 관리 측면에 대해 자체적으로 평가한 결과를 잘 반영해준다고 해석할 수 있다. 특히 물리적 환경과 학습 환경 등 환경의 물리적 요소가 많이 포함된 내용에서는 상 · 중 · 하 집단의 구분이 더 분명하였다.

그 다음 영아반 평가척도와 유아반 평가척도의 총점에 의해 나눈 세 집단의 관찰척도 영역별 평균, 표준편차 그리고 차이 검증 결과도 이상의 결과와 거의 동일한 패턴으로 나타났다. 즉 자체 평가용 3가지 척도에서 상집단은 관찰척도의 모든 영역 점수에서 중집단이나 하집단보다 유의하게 높은 점수를 받았으며, 몇몇 영역에서는 중집단과 하집단 간의 차이도 유의하였다. 따라서 관찰척도 점수는 자체적으로 평가한 운영 관리, 영아반 실제, 유아반 실제를 상당 부분 반영한다고 볼 수 있다. 이러한 결과는 또 다른 측면에서 해석할 때 자체 평가척도 결과에 대한 인준을 위해 본 관찰척도가 무리 없이 사용될 수 있음을 시사하는 것이다.

관찰척도의 구인을 탐색하기 위한 두 번째 분석으로 척도의 5개 영역 간 상호 상관계수를 산출하였고, 이를 〈표 5〉에 제시하였다.

〈표 5〉 어린이집 관찰척도 영역 간의 상호상관 (N=89)

관찰척도 영역	물리적 환경	건강 · 안전 · 영양	학습 환경	교육 경험 및 활동	교사-영유아 상호작용
물리적 환경	1.00				
건강 · 안전 · 영양	.71***	1.00			
학습 환경	.79***	.63***	1.00		
교육 경험 및 활동	.71***	.56***	.77***	1.00	
교사-영유아 상호작용	.60***	.52***	.73***	.78***	1.00

***p<.001

〈표 5〉에 의하면, 기관의 전반적인 '물리적 환경' 영역이 다른 네 영역과 .60~.79의 높은 정적 상관 관계를 나타내고 있다. 또한 '학습 환경'은 '교육 경험 및 활동'과 .77의 상관을, '교사-영유아 상호작용'과 .73의 높은 상관을 보여주고 있다. 한편 '교사-영유아 상호작용'은 '물리적 환경(.60)'이나 '건강 · 안전 · 영양(.52)'보다 '학습환경(.73)'이나 '교육 경험 및 활동(.78)'과 더 높은 상관을 나타낸다. 이러한 상관 패턴은 본 척도가 보육시설의 환경 요소와 영유아에게 제공되는 경험 요소를 중심으로 평가하고자 한 본래의 목적을 반영하는 것으로 해석할 수 있다.

공인 타당도는 본 관찰척도와 외적 준거인 유아 교육 프로그램 평가척도 영역간의 상관계수를 산출하여 검토하였다. 이 결과가 〈표 6〉에 제시되어 있다.

〈표 6〉 어린이집 관찰척도와 유아 교육 프로그램 평가척도 영역 간의 상관 (N=89)

유아 교육 프로그램 \ 관찰척도	물리적 환경	건강 · 안전 · 영양	학습 환경	교육 경험 및 활동	교사-영유아 상호작용
일과 계획 및 상호작용	.42***	.45***	.28**	.32**	.25*
교육 과정	.55***	.46***	.46***	.44***	.40***
물리적 환경	.53***	.38***	.49***	.40***	.30**
건강 · 안전 · 영양	.42***	.51***	.27**	.36***	.31**
운영 관리	.40***	.31**	.41**	.38***	.27**
유아 교육 프로그램 평가척도 총점	.61***	.51***	.52***	.49***	.40***

***p<.001, **p<.01, *p<.05

〈표 6〉에서 보면 어린이집 프로그램 관찰척도와 자체 평가한 유아 교육 프로그램 평가 척도의 영역 간 상관계수의 범위가 .25~.55로 모두 유의한 정적 상관이 나타났다. 따라서 어린이집 관찰척도와 유아 교육 프로그램의 질을 평가하는 외적 준거 간 관련성이 높다는 증거로써 공인 타당도가 있다고 해석된다.

이론적으로 관련된 영역 간의 상관계수를 살펴보면, 프로그램 관찰척도의 '물리적 환경'은 유아 교육 프로그램 평가척도의 '물리적 환경'과 .53(p<.001), 두 척도의 '건강·안전·영양' 간에는 .51(p<.001), '학습 환경'과 준거척도의 '교육 과정', '물리적 환경'과는 각각 .46(p<.001)과 .49(p<.001), '교육 경험 및 활동'은 '교육 과정'과 .44(p<.001)의 상관을 보여 관련이 적은 다른 영역들 간의 상관계수보다 대체로 높은 것을 알 수 있다. 즉, 개념적으로 관련성이 높은 영역 간의 상관계수가 더 높은 것은 수렴 타당도의 증거로 해석할 수 있다.

5) 관찰척도 점수의 일반적 경향

어린이집 프로그램 관찰척도 점수의 일반적 경향을 파악하기 위해 영역별로 문항 점수를 합산한 영역 점수 분포와 이를 문항수로 나눈 문항 점수의 분포를 살펴보면 다음의 〈표 7〉과 같다.

〈표 7〉 어린이집 관찰척도의 영역별 점수 및 문항 점수 분포 (N=89)

관찰척도 영역	영역 점수		문항 점수
	범위	평균(표준편차)	평균(표준편차)
물리적 환경	11~33	25.01(4.87)	2.27(.44)
건강·안전·영양	11~33	24.65(3.70)	2.24(.34)
학습 환경	19~57	39.82(9.32)	2.10(.49)
교육 경험 및 활동	14~42	27.37(5.36)	1.96(.38)
교사-영유아 상호작용	18~54	40.93(7.51)	2.27(.42)
총점	73~219	157.79(26.91)	2.16(.37)

〈표 7〉에서 보는 바와 같이 영역별 문항 점수의 평균은 1.96~2.27로 나타났다. 영역 중에서는 '교육 경험 및 활동'의 평균이 1.96으로 가장 낮고 '학습 환경'이 그 다음으로 낮게 나타났다. 반면 '물리적 환경'(2.27)과 '교사-영유아 상호작용'(2.27)은 다른 영역에 비해 높게 나타났다. 즉, 관찰 결과 교육 경험 및 활동에 대한 전반적 평가는 최소한의 기준을 약간 못미치는 수준이나 물리적 환경과 교사의 상호작용은 비교적 좋은 편이라고

해석할 수 있다.

　영역 점수의 평균과 범위는 개별 기관의 관찰 점수를 산출하여 해석할 때 잠정적인 기준으로 활용할 수 있을 것이다. 이에 제시된 평균보다 어떤 기관의 평균이 높으면 평균 이상의 질적 수준으로 잠정 해석해볼 수 있으며, 이보다 낮으면 평균 이하의 가능성이 있다. 또한 영역 점수 중 '학습 환경(9.32)'과 '교사-영유아 상호작용(7.51)'에서 표준 편차가 다른 영역에 비해 큰 것을 볼 수 있다. 이는 이 영역의 질적 수준에서 기관에 따른 차이가 큰 것을 의미한다.

Ⅲ. 관찰척도의 실시, 결과 분석 및 활용

Ⅲ. 관찰척도의 실시, 결과 분석 및 활용

1. 관찰척도의 실시 계획과 준비

『어린이집 프로그램 관찰척도』는 프로그램 전반에 관하여 외부 관찰자의 객관적 평가를 통해 정보를 수집할 수 있는 척도이다. 관찰척도를 이용하여 프로그램 평가를 하기 위해서는 몇 가지 사항을 사전에 계획한 후 실시하여야 한다. 즉 어린이집 관찰을 언제 실시할 것인가, 누가 관찰할 것인가, 또 어떤 준비가 필요한가를 결정하고 계획하는 것이다. 이러한 결정을 위한 몇 가지 방안을 제시하고자 한다.

먼저 관찰 시기는 1학기보다 2학기가 대체로 적절하다. 이는 교사와 영유아가 새로운 기관 또는 학급에 익숙해질 기간이 필요하고, 보육 프로그램도 어느 정도 본 궤도에 오른 후에 평가가 이루어지는 것이 바람직하기 때문이다. 만일 불가피하게 1학기에 실시해야 한다면 가능한 한 1학기 후반에 실시하는 것이 좋다. 관찰 일시는 기관과 연락하여 일상적인 프로그램이 진행되고 있는 날에 실시하도록 계획한다. 여름 휴가철이나 기관에서 특별한 행사를 계획한 날을 제외한 어느 하루를 계획하도록 한다. 1주일 중에서 월요일은 주말을 가정에서 보낸 영유아가 다시 어린이집 일과를 시작하는 날이므로 약간의 어려움이 있을 수 있기 때문에 피하는 것이 좋다.

『어린이집 프로그램 관찰척도』의 실시 일정을 계획할 때에는 기관과 연락을 취하여 기관방문이 가능한 날을 정하고 시간 약속을 하도록 한다. 관찰 시간은 영유아의 등원 시간에 따라 차이가 있으나 대략 오전 9시에서 2시 사이에 낮잠을 포함한 시간대를 관찰해야 하며 충분히 관찰하기 위해서는 시간을 연장하여 관찰할 수도 있다.

프로그램 평가를 위한 관찰자는 객관적이고 효과적인 평가를 위해 유아 교육 및 보육 분야에 대한 전문적 지식을 갖추고 현장 경력이 있는 사람이 적합하다. 『어린이집 프로그램 관찰척도』는 물리적 환경, 건강과 영양 및 안전뿐 아니라 영아반과 유아반 보육실 내의 학습 환경, 학습 경험 및 활동, 교사-영유아 상호작용 영역을 골고루 관찰하도록 구성되어 있으므로 이에 대한 충분한 이해와 판단 능력이 요구된다. 따라서 관찰자로는 유아 교육과 보육 현장에 대한 이해가 있는 전문가, 유아 교사 경력자, 유아 교육 현장 경험을 가진 대학원생 등이 포함될 수 있다. 관찰척도를 실시하기 전에 관찰자 훈련과 예비 관찰은 반드시 필요한 절차이다. 이를 통해 본 척도의 기본 성격을 이해하고 척도를 구성하는 각 문항의 내용을 숙지하며 관찰의 신뢰도를 일정한 수준 이상으로 유지할 수 있어야 한다. 특히 다수의 관찰자가 동시에 여러 기관을 관찰하게 되는 경우에는 시간이 걸리더라도 일정 수준 이상의 관찰자 간 일치도에 도달한 후 본 관찰이 실시되어야 한다. 관찰자 훈련은 이전에 본 관찰척도에 대한 관찰 훈련을 받았고 관찰을 실시한 경험이 있는 사람이 담당하도록 한다. 관찰자 훈련에는 다음과 같은 내용이 포함될 수 있다.

첫째, 관찰척도의 기본 특성에 대한 이해를 하도록 한다. 즉 평가는 보육시설의 실제 환경과 교사 및 영유아의 행동을 기초로 판단하며, 문항별 3단계의 기술 평정을 이용해서 평정하고, 영아반과 유아반을 구분하여 관찰하는 것 등이 포함된다.

둘째, 문항 내용을 충분히 익히도록 한다. 관찰을 위한 5개 영역별 73개 문항 내용을 하나씩 숙지하고, 3단계를 구분하는 기준(제 Ⅴ장)이 무엇인지 파악하여 일관되게 평정할 수 있도록 한다.

셋째, '어린이집 프로그램 관찰척도 기록지(부록 2)'에 요약된 내용을 살펴보고, 문항별 평정 기준과 대응시켜가며 관찰척도 기록지만을 사용할 때에 대비한다. 만일 추가로 유의할 사항이 있으면 관찰척도 기록지 여백에 메모해둔다.

넷째, 개략적인 관찰 순서와 기관 방문시 유의 사항이 포함된다. 관찰을 효과적으로 하기 위한 전반적인 관찰 순서를 안내하게 되는데, 자세한 관찰 순서의 안내는 다음 절인 '관찰척도의 실시 및 기록' 부분에서 다루고 있다. 관찰자가 지켜야 할 유의 사항에는 기관과 연락한 시간 약속 지키기, 관찰에 필요한 관찰척도 기록지와 필기 도구 등 관찰에 필요한 준비물 갖추기, 관찰시 간편한 복장 착용과 관찰 태도 등이 포함된다. 관찰 당일 기관에 도착하면 원장이나 교사와 인사를 나눈 뒤 관찰 학급의 하루일과를 확인하고, 기관의 공간 배치에 대한 안내를 받는다. 관찰 학급은 영아반의 경우 만1세 또는 만2세 학급 중 1개 학급, 유아반의 경우 만3세 또는 만4세 학급 중 1개 학급을 무작위로 선정하여 해당학급에서 관찰하도록 한다. 관찰 시작 전에 관찰척도 기록지와 필기 도구를 제외한 관찰자 소지품은 사무실에 맡겨둔다. 보육실에 들어가 관찰해야 할 때 관찰자는 영유아의 활동에 방해되지 않고 보육실 전체를 관찰할 수 있는 곳에 위치한 뒤 앉아서 관찰한다. 이동할 때에는 자세를 낮추거나 무릎을 이용하여 천천히 움직이도록 한다. 관찰자는 유아가 관찰자에게 관심을 보이며 도움을 요청하거나 말을 걸어오는 경우에는 유아와 상호작용하지 않도록 하고, 교사에게 보내거나 간단한 반응만 보이고 다시 관찰에 집중한다.

다섯째, 관찰척도의 각 문항에 대하여 어느 정도 익숙해졌다고 판단되면 관찰척도 기록지를 사용해 예비 관찰을 실시할 수 있다. 한 기관을 선정하여 본 관찰과 동일한 절차로 관찰을 실시해봄으로써 실제 관찰을 준비하도록 한다. 관찰자가 2인 이상인 경우에는 예비 관찰을 통하여 관찰자 간 일치도를 산출한다. 관찰자 간 일치도는 관찰 훈련을 담당하는 경험이 있는 관찰자와 관찰 훈련을 받은 관찰자가 각각 독립적으로 같은 기관을 동시에 관찰한 후 문항별 일치 정도를 비교한다. 전체 문항에 대한 두 관찰자 간의 일치도가 최소 70%는 되어야 하며, 보다 엄밀한 자료가 요구될 때에는 80% 또는 그 이상이 되어야 한다. 만일 사전에 설정한 일치도 수준에 미치지 못할 때에는 차이가 나온 문항에 대한 협의와 관찰 훈련을 반복한다. 이와 같은 관찰자 훈련 과정을 통하여 관찰을 위한 준비를 거친 후 실제 관찰에 임하도록 한다.

2. 관찰척도의 실시 및 기록

관찰자는 『어린이집 프로그램 관찰척도』의 충분한 이해와 훈련을 통해 준비가 되었다고 판단되었을 때 관찰을 실시하도록 한다. 관찰 시간은 일반적으로 오전 9시에서 오후 2시 사이에 실시하되 관찰 시작 시간은 해당 기관과 협의하여 결정할 수 있다. 관찰 내용이 미흡하거나 필요한 경우에는 오후 2시 이후로 관찰을 연장하여 실시할 수 있다.

관찰자는 5개 영역 총 73개 문항을 평정해야 하므로 어린이집 일과에 따른 하위 영역 및 문항별 관찰 순서와 시간을 적절히 안배하는 것이 무엇보다 중요하다. 즉 먼저 관찰할 것과 나중에 관찰해도 될 것, 몇 가지 지표를 통해 비교적 단시간에 관찰할 수 있는 것과 약간 긴 시간이 소요되는 것, 특정 시간대에만 관찰되는 것과 수시로 관찰해야 할 것으로 분류하여 순서와 시간을 결정해두고 실시하면 편리하다. 그 외에도 특정 장소에서 관찰할 것과 기관 전체를 통해 관찰할 것, 게시된 문서를 통해 추가로 확인할 수 있는 것, 오후 일과 운영의 확인을 위해 교사에게 보충 질문을 통해 확인해야 될 것들을 사전에 기억해둔다면 좀더 효율적으로 관찰할 수 있다.

영역별로 보면 '물리적 환경'과 '건강·안전·영양' 영역은 자유선택활동 시간의 전후를 이용하여 실시하면 좋다. 두 영역에 속한 문항들의 내용이 비교적 기관의 전반적인 내용과 관련되어 있으므로 영유아의 자유선택활동 시간 전에 관찰하고, 만일 관찰 내용이 미비한 문항들이 생기면 자유선택활동 시간 이후 다시 관찰하도록 한다. '학습 환경', '교육 경험 및 활동', '교사-영유아 상호작용' 영역은 영아반과 유아반의 자유선택활동 시간의 관찰을 통해서만 평정이 가능하다. 그 중에서도 '학습 환경' 영역은 비교적 단시간에 관찰이 가능하나, '교육 경험 및 활동'과 '교사-영유아 상호작용' 영역은 문항별로 충분한 관찰 시간을 필요로 하는 문항들이 포함되어 있으므로 사전에 문항별로 관찰 시간을 적절히 안배해두는 것이 필요하다.

문항별로 보면 관찰 시간의 초반에 실시되어야 할 문항(예: '교사-영유아 상호작용' 영역의 문항 E-9, 등하원시 유아에게 따뜻이 대함)이 있는 반면, 수시로 관찰해야 하는 문항(예: '건강 · 안전 · 영양' 영역의 문항 B-2, 화장실과 세면장의 청결)이 있다. 또한 관찰과 함께 게시된 문서나 교사에게 보충 질문을 실시해야만 확인이 가능한 문항(예: '건강 · 안전 · 영양' 영역의 문항 B-6, 급 · 간식의 영양가와 다양한 식단, '교육 경험 및 활동' 영역의 문항 D-4, 실내 활동과 실외 활동의 균형; 문항 D-5, 정적 활동과 동적 활동의 균형)도 있다. 따라서 관찰자는 이러한 문항별 내용 특성을 잘 파악하고 숙지하여 관찰을 진행하도록 한다.

이를 통해 관찰자는 각 문항마다 '어린이집 프로그램 관찰척도 기록지(부록 2)'에 제시된 점수(1, 2, 3)중 하나에 ∨표를 한다. 만일 평가 문항 중 관찰 당일에는 불가능하나 다른 날에는 관찰이 될 수 있는 내용(예: 물 · 모래놀이를 할 수 있는 시설 및 설비가 외부에 있으나 비가 와서 물 · 모래놀이를 하지 않음)이라고 판단하여 관찰자가 상황을 짐작으로 평정해서는 안 된다. 본 관찰척도는 관찰 당시의 상태를 객관적으로 반영하게 되어 있으므로 이처럼 분명히 판단할 수 없을 때에는 적당히 평정하지 말고 관찰을 좀더 충분히 한 후 추후에 기록하는 것이 바람직하다. 따라서 모든 문항에 대한 평정 기록은 관찰 시간 내에 현장에서 완성하도록 한다. 여건상 관찰이 불가능할 경우에는 'N/O(관찰되지 않는다)'란에 기록하며 이러한 내용을 여백에 기록하도록 한다. 이와 같이 관찰 현장의 특별한 사항이나 문항 평정에 다소 어려움이 있는 문항은 관찰척도 기록지의 문항 여백이나 '비고란'에 기록하여 전체 기관 평가 및 해석에서 참조할 수 있도록 한다.

기록이 완료된 후에는 영역별로 합산 점수를 산출한다. 합산 점수는 각 영역별 평정 점수(3, 2, 1) 또는 N/O에 따른 문항수를 세고, 평정 점수에 따른 가중치를 주어 영역별 총점[1]을 산출한다. 만일 영역 내에 N/O를 받은 문항이 있는 경우에는 수정된 총점[2]을 산출한다.

---

1) 각 영역별로 평정 점수 3, 2, 1 또는 N/O에 따라 문항 수를 센다. 평정 점수에 따른 가중치를 주어 영역별 총점을 산출한다.⇒(3점을 받은 문항수 × 3) + (2점을 받은 문항수 × 2) + (1점을 받은 문항수 × 1) = 영역 총점
2) 1)의 공식을 적용하되 N/O를 받은 문항은 가중치가 없으며, 해당 영역의 평균치(영역 총점÷표기한 문항수)를 영역 총점에 추가로 더하여 수정된 총점을 산출한다.

한편 N/O로 기록된 문항이 영역별로 2개 이상이고 이러한 영역이 3개 이상일 때에는 관찰 결과가 추정된 수치에 지나치게 의존하므로 관찰 결과를 사용하지 않도록 제안한다. 따라서 시간을 연장하든지 다른 날에 관찰을 다시 실시함으로써 보다 정확한 결과에 기초해서 관찰 결과를 해석해야 한다.

3. 관찰척도 실시 결과의 해석

『어린이집 프로그램 관찰척도』를 실시한 후 그 결과를 적절하게 해석함으로써 프로그램의 질적 수준에 대한 객관적인 평가가 이루어질 수 있다. 관찰척도를 실시한 후 척도에 기록된 결과는 해석하기에 편리한 형태로 요약하고 정리하여 '어린이집 프로그램 관찰척도 영역별 점수 기록표(부록 3)'와 '어린이집 프로그램 관찰척도 점수 프로파일(부록 4)'로 제시할 수 있다. 결과에 대한 분석 과정은 다음과 같다.

첫째, 관찰을 마친 후 5개 영역에 대한 문항별 점수를 합산하고 그 점수들을 '영역별 점수 기록표(부록3)'에 옮겨 적는다. 이때 N/O 항목이 어느 영역 그리고 어느 하위 영역에 있었는지 점수를 기록한 □칸 옆에 ∨로 표시해둘 필요가 있다. 왜냐하면 문항수가 적은 하위 영역에서 N/O 가 많은 경우에는 해석에 유의해야 하기 때문이다.

둘째, 5개 하위 영역 점수를 프로파일(부록4)에 표기한다. 즉 영역별 해당 점수와 총점을 찾아 ○표 한 후 선으로 연결시킨다.

셋째, 프로파일에서 보면 프로그램의 우수한 영역과 그렇지 못한 영역을 쉽게 발견할 수 있으며, 총점은 프로그램 질의 전반적인 수준을 요약해서 평가할 수 있게 한다. 프로파일에서 영역별 점수 및 총점을 대체로 3개의 수준으로 나누고 있는데, 그 근거와 해석지침은 다음과 같다.

먼저 '우수한 운영' 수준이란 문항 총점으로 186점에서 219점의 분포에 해당하며, 문항 평균이 2.6에서 3.0 사이로서 90% 이상의 문항에서 3점을 받은 경우이다. 대체로 우수한 운영을 유지하고 있다고 볼 수 있다.

그 다음 '중간 수준의 운영'이란 문항 총점으로 129에서 185점의 분포에 해당하며, 문항 평균이 1.8에서 2.5 사이로써 대부분 문항에서 최소한의 기준인 2점 이상을 받은 경우이다. 대체로 중간 수준의 운영을 하고 있으며 일부 1점을 받은 문항은 그 내용에 따라 개선이 필요하다고 해석할 수 있다.

마지막으로 '부적합한 운영' 수준은 문항 총점으로 73점에서 128점의 분포에 해당하며, 문항 평균이 1.0에서 1.7 사이로써 대부분의 문항에서 1점 또는 2점을 받은 경우이다. 대체로 부적합한 운영 수준이라고 볼 수 있으며 1점에 해당되는 문항이 많으므로 이러한 내용은 반드시 개선이 필요하다고 해석할 수 있다.

관찰척도의 프로파일 해석에 기초가 되는 총점 및 영역별 점수 분포는 다음의 〈표 8〉에 정리되어 있다.

〈표 8〉 관찰척도의 총점 및 영역별 점수의 해석 지침

관찰척도 영역 (문항수)		부적합한 운영 (문항평균 1.0~1.7)	중간 수준의 운영 (문항평균 1.8~2.5)	우수한 운영 (문항평균 2.6~3.0)
물리적 환경	(11)	11~19	20~28	29~33
건강 · 안전 · 영양	(11)	11~19	20~28	29~33
학습 환경	(19)	19~33	34~48	49~57
교육 경험 및 활동	(14)	14~24	25~35	36~42
교사-영유아 상호작용	(18)	18~31	32~45	46~54
총점	(73)	73~128	129~185	186~219

관찰척도 실시 후 결과를 정리하여 영역별 점수 기록표와 프로파일을 제공하고 해석하는 방법을 예시하고자 A어린이집의 사례를 들어 다음에 제시하고자 한다. 이 사례 분석에서 볼 수 있는 바와 같이 전체적인 분석과 함께 5개 영역에 대한 강점과 약점을 비교하고, 부적합한 운영에 속하거나 약한 영역은 다시 하위 영역 점수를 살펴봄으로써 프로그램을 보다 상세하게 분석할 수 있다.

어린이집 프로그램 관찰척도 영역별 점수 기록표

영역(문항 번호)	영역 점수	영역 최고점수	하위 영역 점수	하위 영역 최고점수
A. 물리적 환경	31	33		
실내 공간과 설비(1~5)			14	15
실내외 시설과 설비의 안전(6~8)			9	9
실외 공간과 설비(9~11)			8	9
B. 건강 · 안전 · 영양	27	33		
실내 시설의 청결과 위생(1~4)			9	12
급 · 간식의 관리(5~6)			5	6
유아의 건강과 안전(7~11)			13	15
C. 학습 환경	48	57		
영아반 : 보육실의 구성(1)			3	3
놀잇감의 구비 정도(2~8)			15	21
유아반 : 보육실의 구성(9~12)			11	12
놀잇감과 교재의 구비 정도(13~19)			19	21
D. 교육 경험 및 활동	27	42		
영아반 : 놀이 경험과 활동(1~3)			4	9
유아반 : 활동의 균형과 선택 가능성(4~7)			5	12
다양한 놀이와 활동(8~14)			18	21
E. 교사-영유아 상호작용	37	54		
영아반 : 언어적 상호작용(1~3)			4	9
교사의 수용적 · 반응적 태도(4~5)			5	6
긍정적 행동 지도(6~8)			7	9
유아반 : 교사의 수용적 · 반응적 태도(9~11)			6	9
언어적 상호작용(12~13)			3	6
긍정적 행동 지도(14~16)			8	9
놀이 참여와 확장 관련 상호작용(17~18)			4	6
총 점	170	219		

기관명: ___A___ 어린이집   관찰 시기: _2002/11/20_   관찰자: ___K___

〈그림 1〉 A 어린이집의 관찰척도 영역별 점수 기록표

어린이집 프로그램 관찰척도 점수 프로파일

	물리적 환경	건강·안전·영양	학습환경	교육경험 및 활동	교사-영유아 상호작용	총 점
우수한 운영	33	33	57	42	54	219
			56	41	53	215
	32	32	55	40	52	210
			54		51	205
	31	31	53	39	50	200
			52	38	49	195
	(30)	30	51	37	48	190
			50		47	186
	29	29	49	36	46	
중간 수준의 운영	28	28	(48)	35	45	185
			47	34	44	170
	27	(27)	46	33	43	175
	26	26	45	32	42	(170)
			44		41	165
	25	25	43	31	40	160
			42	30	39	155
	24	24	41		38	
			40	29	(37)	150
	23	23	39		36	145
			38	28	35	
	22	22	37	(27)	34	140
	21	21	36	26	33	135
			35			
	20	20	34	25	32	129
부적합한 운영	19	19	33	24	31	128
			32	23	30	125
	18	18	31	22	29	120
			30		28	115
	17	17	29	21	27	110
	16	16	28	20	26	105
			27		25	100
	15	15	26	19	24	95
			25	18	23	90
	14	14	24		22	
			23	17	21	85
	13	13	22	16	20	80
	12	12	21		19	75
			20	15		
	11	11	19	14	18	73

기관명: A 어린이집   관찰 시기: 2002/11/20   관찰자: K

〈그림 2〉 A 어린이집의 관찰척도 점수 프로파일

사례 1: A어린이집 프로그램 관찰 결과의 해석

A어린이집의 관찰 결과를 프로파일(그림 2)에서 살펴보면 총점과 5개 하위 영역 중 4개 영역의 점수가 중간 수준의 운영에 위치하고 있다. 따라서 A어린이집은 전반적으로 보통 정도의 질적 수준을 나타낸다고 볼 수 있다. 하위 영역별로 좀더 자세히 살펴보면 '물리적 환경' 영역이 31점으로 우수한 운영 수준에 위치하고 있어 가장 우수한 영역임을 알 수 있다. '물리적 환경' 영역을 제외하고 '학습 환경'과 '건강·안전·영양'은 우수한 운영 수준에 근접하고 있어 비교적 우수한 영역이라고 보여진다. 한편 '교육 경험 및 활동' 영역과 '교사-영유아 상호작용' 영역은 상대적으로 덜 우수한 영역임을 알 수 있다.

종합적으로 A어린이집의 프로그램은 보통의 질적 수준을 보이고 있으며, 기관의 물리적 환경은 우수한 편이나 실제 학급에서 영유아가 경험하는 '교육 경험 및 활동'과 '교사-영유아 상호작용' 측면에서는 약간 낮은 수준을 보이므로 질적 수준을 높이기 위한 노력이 필요하다.

이러한 전반적 질의 평가에서 한 걸음 나아가 구체적으로 프로그램을 개선하기 위해서는 가장 점수가 낮게 나온 '교육 경험 및 활동' 영역과 그 다음으로 낮은 '교사-영유아 상호작용' 영역에 주의를 기울일 필요가 있다. 특히 이 두 영역은 영아반과 유아반의 관찰 결과에 기초하고 있으므로 영아반 문항과 유아반 문항으로 나누어 다시 분석해볼 수 있다. 이를 위해 영역별 점수 기록표(그림 1)를 참조하여 '교육 경험 및 활동 영역'의 하위 영역 점수를 살펴보면 영아반의 '놀이 경험과 활동'이 4점(가능한 최고 점수: 9), 유아반의 '활동의 균형과 선택 가능성'은 5점(가능한 최고 점수: 12)인 것을 알 수 있다. 따라서 영아반에서 다양한 놀이 경험이 일어날 수 있도록 교사가 활동을 자극하고 필요하면 놀잇감을 더 준비해줄 수 있다. 그리고 유아반에서는 균형을 이룬 활동의 제시와 유아 활동의 선택 가능성을 높이는 데 주력해야 할 것 같다. 그 다음으로 영역 점수가 낮은 '교사-영유아 상호작용'에서는 영역별 점수 기록표에서 볼 때 '언어적 상호작용' 하위 영역이 영아반과 유아반 모두 최고 가능한 점수에 비해 상대적으로 낮은 것을 볼 수 있다. 따라서 교사가 영아나 유아와 나누는 언어적 상호작용의 질을 조금 더 적합한 방식으로 개선할 수 있는 방안을 강구하도록 제안한다.

4. 관찰척도의 활용

『어린이집 프로그램 관찰척도』는 보육시설의 전반적인 질적 수준을 직접 관찰하여 평가하기 위한 목적으로 개발되었다. 따라서 본 척도의 분석 결과는 여러 분야에 적용될 수 있다. 대표적인 적용 분야는 프로그램의 질적 수준 관리, 교사 교육 및 전문성 신장, 정책 결정의 기초 자료 제공 그리고 프로그램 평가 또는 효과 연구 등이다.

첫째, 프로그램의 질적 수준 관리는 보육시설을 운영하는 원장과 원감, 나아가서는 교사들의 기본적인 책무이며 보육시설을 지도·감독하는 기관에도 이에 관한 의무가 있다. 대부분의 보육시설은 체계적인 평가를 하지 않더라도 영유아에게 적절한 보호와 교육 경험을 제공하고 있는지에 관심을 갖고 항상 노력하고 있다. 그리고 자신의 기관이 얼마나 잘하고 있는지에 대해 나름대로 느낌은 있지만 객관적 증거가 부족해 확신이 없을 때가 있다. 따라서 객관적인 도구와 체계적인 절차를 통해 평가를 시도해봄으로써 질적 수준 관리에 있어서 진전을 이룰 수 있다. 기관 내부적으로 질적 수준 관리를 하기 위해서 본 관찰척도가 사용될 수 있으나 누군가에 의해 관찰된다는 것이 위협으로 느껴질 수도 있으므로 그럴 경우에는 일차적으로 자체 평가척도의 사용을 권장한다. 본 지침서에서는 관찰척도 중심으로 기술하였으나 부록에 3가지 자체 평가척도가 첨부되어 있다. 3가지 자체 평가척도는 '운영 관리 평가척도(부록 5)', '영아반 평가척도(부록 6)', 그리고 '유아반 평가척도(부록 7)'로 구성되어 있다. 자체 평가척도는 각각의 측면을 잘 알고 책임지는 교직원에 의해 실시된다. 즉 운영 관리 평가척도는 원장이나 원감, 영아반 평가척도는 영아반 담당 교사, 유아반 평가척도는 유아반 담당 교사에 의해 실시되며 당해년도 실제 운영에 기초해서 가능한 한 객관적으로 응답하도록 되어 있다. 이러한 자체 평가 과정을 통해 평가 결과에 대한 교직원들의 개방적인 논의를 유도하며, 프로그램의 강점과 약점을 발견하는 데 기초 자료로 활용될 수 있다. 한편 자체 평가를 실시한 후 자체 평가척도 결과를 인증하거나 확인하는 과정으로 관찰척도를 실시할 수 있으며, 다각적인 관점의 평가를 통해 평가 결과를 보완할 수 있다.

둘째, 교사 교육이나 전문성 신장에 본 관찰척도의 결과가 적용될 수 있다. 교사들은 일상적으로 담당 학급의 보육 프로그램을 계획하고 실시한다. 그러나 계획하고 실시하는 일에 추가하여 평가까지 이루어진다면 보육 프로그램 전 과정에 대해 반성적 사고를 할 수 있는 계기를 마련해준다. 즉, 자신이 계획한 대로 보육 프로그램이 실시되고 있는가, 효과적으로 학급을 운영하고 있는가, 유아들의 어린이집 경험은 발달적으로 적합한가 등에 대해 알고자 할 때 교사는 전문가로서 한 단계 더 성장할 수 있는 것이다. 특히 관찰척도의 '교사-영유아 상호작용' 영역과 '교육 경험 및 활동'은 교사가 보육 대상인 영유아에게 어떻게 하는 것이 바람직한 행동이며, 발달적으로 적합한 경험인지 이해할 수 있게 한다. 제Ⅴ장의 평정 기준 해설은 이러한 판단에 도움이 되는 내용으로 이루어져 있다. 그러므로 관찰 척도의 문항별 평정 기준을 통해 질적으로 수준 높은 프로그램의 특성을 알 수 있을 뿐만 아니라, 관찰척도의 결과를 상세히 분석하여 프로그램의 강점과 약점을 발견할 수 있다. 그리고 어떻게 하면 개선할 수 있는지 보육시설에서 자체적으로 훈련 프로그램이나 세미나를 실시할 수 있다. 또한 전문 서적이나 자료 등을 통해 교사를 지원해 줄 수 있으며, 외부 학회나 지원 기관에서 재교육 기회가 있을 때 해당 교사를 참여시킴으로써 전문성을 신장시킬 수 있다.

셋째, 정책 결정의 기초 자료로써 본 관찰척도의 결과를 적용하는 예는 행정적·재정적 지원 측면에서 또는 프로그램 확장이나 통폐합 등 주요 의사 결정이 필요할 때를 의미한다. 일반적으로 이러한 의사 결정에는 관찰척도의 결과 자료 외에 다양한 관점에서 자료가 필요할 것이다. 예를 들어, 서비스 대상인 부모의 평가(부록 8 참조)와 서비스 지역의 인구론적 분포나 요구도를 고려해야 하며 지원 기관이 중요시하는 구조적 변인(교사 대 영유아 비율, 시설의 면적과 기본 설비, 교사의 자격 기준 등)이 만족스러운지도 점검해야 한다. 그러나 대부분의 구조적 변인이 유사한 상태에서는 운영하고 있는 프로그램의 질을 평가하는 것이 필요하다. 더구나 프로그램의 질은 영유아의 발달에 영향을 미치며, 최소한 발달을 저해하지 않는 환경을 제공할 책무가 지원 기관에 있기 때문이다.

이러한 전문가적 책무와 관련하여 외국에서는 보육시설에 대한 인준 절차(accreditation procedure)가 개발되어 시설에서 운영하는 프로그램의 질을 다각도로 평가하고 인정하는 과정이 적용되고 있다. 즉, 1단계에서 보육시설의 자체 평가가 이루어지고, 2단계에서 외부 관찰자에 의해 타당성을 인정받게 되며, 끝으로 전문가 소위원회에서 모든 자료를 검토하여 시설의 프로그램 질을 인정하는 일련의 절차를 거치는 것이다. 본 관찰척도는 인준 절차의 두 번째 단계에서 필수적으로 요구되는 도구이다. 따라서 우리나라에서도 인준 절차가 적용된다면 본 척도가 정책 결정에 보다 크게 기여할 수 있을 것이다.

마지막으로 프로그램에 대한 평가 연구 또는 프로그램 효과를 검증하는 연구도 본 척도의 결과만으로는 부족하다. 보육 프로그램의 질적 수준 자료와 함께 영유아의 발달과 성취에 관한 자료가 수집되어야 한다. 영유아의 발달과 행동은 프로그램의 질과 밀접하게 연관되어 있으며, 이 2가지를 연결시켜 설명할 수 있는 연구 자료가 제시된다면 보다 효과적으로 프로그램을 구성하는 데 기여할 수 있을 것이다. 특히 프로그램을 구성하는 물리적 환경과 인적 환경이 어떻게 영유아 발달 측면에 연관되는지를 상세히 밝히기 위해서는 보육 프로그램의 전반적 질을 영역별로 평가하는 본 관찰척도가 효과적으로 활용될 수 있을 것이다.

Ⅳ. 요약

본 연구는 우리나라 보육시설의 프로그램 평가를 위한 다각적인 관점의 평가 도구 세트 개발(이은해, 2002)에 관련된 일련의 연구에 의해 이루어졌다. 도구 세트에는 (1)원장이나 교사가 자체 평가에 활용할 수 있는 3종류의 평가척도, (2)외부 관찰자나 전문가에 의해 사용될 관찰척도 그리고 (3)서비스 대상인 부모에 의한 평가 설문지가 포함되어 있다. 본 지침서는 이 중에서 관찰척도 부분만을 다루고 있으며, 자체 평가척도 3종류와 부모 설문지는 부록에 첨부하였다.

『어린이집 프로그램 관찰척도』는 보육 프로그램의 객관적인 현장 평가를 위해서 고안된 것이며, 우리나라 전문가의 견해를 반영하고 보건복지부의 시설 설비 기준에 기초하여 제작되었다. 관찰척도의 적용 대상은 만1세~5세 영유아를 위한 보육시설이다.

관찰척도의 평가 영역은 보육시설의 환경 요소와 영유아 갖는 경험 요소를 중심으로 5개 영역으로 구성되어 있다. 즉, 물리적 환경, 건강·안전·영양, 학습 환경, 교육 경험 및 활동, 교사와 영유아 간 상호작용이다. 5개 영역 중에서 물리적 환경과 건강·안전·영양의 두 영역은 보육시설을 전반적으로 관찰하여 평가하나, 다른 세 영역은 영아반과 유아반 보육실을 직접 관찰하여 평가한다.

본 척도는 2년의 연구 과정을 거쳐서 개발되었다. 1차년도 연구에서 3가지 자체 평가척도를 개발하고 이에 기초하여 예비 실시용 관찰척도가 구성되었으며, 19개 보육시설에 예비 실시를 하여 80문항 척도 중에서 양호한 문항으로 73문항을 선정하였다. 제 2차년도에 87개 보육시설에서 본 척도가 실시되었고, 척도의 신뢰도와 타당도를 검토한 결과 양호한 것으로 나타났다.

본 관찰척도는 3단계 기술 평정척도로써 3, 2, 1점에 해당되는 기준이 구체적으로 서술되어 있어 평정에서 객관성과 신뢰도를 높일 수 있다. 제 Ⅴ장에 각 문항별 평정 기준을 상세히 해설하여 제공하고 있으므로 관찰자들이 이를 통해 일관성 있게 관찰하도록 훈련을 할 수 있다.

『어린이집 프로그램 관찰척도』를 실시하기 위해서는 사전에 관찰 일시를 계획하고, 현장에 대한 이해가 있는 관찰자를 선발하여, 사전 훈련과 예비 관찰을 거쳐서 시행하는 것이 바람직하다. 본 척도의 실시 결과를 요약하여 해석할 수 있도록 '어린이집 프로그램 관찰척도 영역별 점수 기록표'와 '어린이집 프로그램 관찰척도 점수 프로파일'이 제시되어 있다.

어린이집 프로그램 관찰척도의 결과는 보육시설 내에서 프로그램의 질적 수준을 관리하고, 교사 교육이나 전문성 신장에 활용될 수 있다. 또한 보육 정책 결정의 기초 자료로써 프로그램의 질에 대한 객관적 증거를 제시하고 프로그램의 비교 평가나 영유아 발달에 미치는 효과 연구 등에 적용될 수 있다.

제2부
Ⅴ. 관찰척도의 문항별 평가 기준

Ⅴ. 관찰척도의 문항별 평가 기준

　본 장은 『어린이집 프로그램 관찰척도』를 보육 현장에서 사용할 때 각 문항을 어떠한 기준에서 세 단계로 구분하고 점수를 주는가에 대한 구체적 지침을 제시하기 위한 것이다. 본 관찰척도는 보육 프로그램의 질을 연속적인 일련의 단계 중 하나로 평가하는 평정척도이다. 그리고 세 단계의 서술 내용 속에 구체적 기준이 명시되는 기술 평정척도(descriptive rating scale)이다.

　보육 프로그램의 질은 '아주 우수한 수준(3)'에서부터 '부분적으로 우수한 수준(2)' 그리고 '부적합한 수준(1)'으로 그 수준을 나누어 구별할 수 있다. 일반적으로 3점 수준은 영유아에게 가장 바람직하고 우수한 프로그램의 특성을 나타내는 단계이다. 그리고 2점 수준이란 최소한의 기준에 부합되는 부분적으로 우수한 실제를 의미한다. 끝으로 1점 수준은 영유아에게 부적합한 또는 바람직하지 못한 보육의 실제로써 개선의 여지가 있는 수준이라 할 수 있다.

　본 관찰척도의 문항에 제시된 프로그램의 각 측면은 어린이집의 설립 유형, 특성 그리고 평가 시기에 따라 관찰에서 차이를 보일 수 있다. 어린이집은 설립 유형에서 차이가 있다 하더라도 영유아의 복지와 교육에 기여한다는 점에서는 공통된 목적을 가지고 있으므로 보호와 교육 모두가 중요하다는 가정하에 본 척도는 실시된다. 그러나 어린이집이 설립되고 프로그램의 기본틀이 어느 정도 정해진 후에 관찰척도가 실시되는 것이 현실적이며, 평가 시기도 영유아와 교사의 교체가 급격하게 이루어지는 시기보다는 어느 정도 안정된 기간에 실시하는 것이 프로그램에 대한 평가를 하기에 적합할 것이다.

이 곳에서는 각 문항별 3점 평정의 기준과 원리가 무엇인가를 보다 상세히 설명하고, 관련되는 상황이나 보편적인 예를 들어 제시하고자 한다. 관찰자는 서술된 기준과 기본 원리를 기초로 하여 각각의 상황에서 본 기준을 적용할 수 있을 것이다. 어린이집 프로그램 관찰척도의 구성에 따라 (A)물리적 환경, (B)건강·안전·영양, (C)학습 환경, (D)교육 경험 및 활동, (E)교사-영유아 상호작용의 5개 영역으로 나누어 서술한다. 5개 영역 중에서 물리적 환경과 건강·안전·영양의 두 영역은 보육시설을 전반적으로 관찰하여 평가하나, 다른 세 영역은 영아반과 유아반 보육실의 실제 운영을 관찰하여 평가한다. 순서대로 5개 영역의 개요와 관찰 문항을 제시하고, 각 문항별 평정 기준에 대해 서술하고자 한다.

1. 물리적 환경

물리적 환경은 환경 내에서 활동하는 성인과 영유아의 행동에 영향을 미치며, 영유아기는 다른 발달 단계보다 환경에 의해 영향받기가 더 쉬운 시기이다. 어린이집의 전반적인 물리적 환경을 평가하기 위해서 실내외 공간의 구성, 크기, 안전성, 필요 시설·설비 등을 내용으로 관찰하도록 한다. 물리적 환경에 속한 문항은 총 11문항으로 그 내용을 살펴보면 다음과 같다.

물리적 환경	관련 내용과 문항	
실내 공간과 설비	· 보육실 공간 크기	(문항 A-1)
	· 환기, 조명, 냉방·난방 시설	(문항 A-2)
	· 보육 활동 지원 공간과 설비	(문항 A-3)
	· 교직원 필요 시설 및 설비	(문항 A-4)
	· 비품과 교육 자료 보관 장소	(문항 A-5)
실내외 시설과 설비의 안전	· 출입문과 창문의 안전	(문항 A-6)
	· 실내 시설과 설비의 안전	(문항 A-7)
	· 실의 시설과 설비의 안전	(문항 A-8)
실외 공간과 설비	· 다양한 실외 공간 구성	(문항 A-9)
	· 실외 바닥의 다양한 표면	(문항 A-10)
	· 물·모래놀이 설비	(문항 A-11)

각 문항의 평정 기준을 다음에 서술하고자 한다.

A-1. 보육실 공간이 영유아가 활동하기에 충분히 넓다.

점수	평정 기준
3	모든 보육실 공간이 영유아가 활동하기에 충분히 넓다.
2	영유아가 활동하기에 충분히 여유 있는 보육실의 수가 전체 보육실의 절반 이상이다.
1	영유아가 활동하기에 충분히 여유 있는 보육실의 수가 전체 보육실의 절반 미만이다.

이 문항은 보육실의 공간 크기가 영유아 수에 비해 충분히 여유 있는지 또는 협소한지를 평가하기 위한 것이다. 보건복지부(2002)의 시설 기준을 최소 기준으로 본다면, 영아 1명당 $2.64m^2$(0.8평), 유아 1명당 $1.98m^2$(0.6평)의 공간이 필요하나 이상적으로는 영유아 1명당 $3.3m^2$(1.0평)에서 $4.65m^2$(1.41평) 정도의 공간을 갖는 것이 바람직하다 (NAEYC, 1998). 한편 공간의 크기는 최소 기준에 부합되나 보육실 내에 가구와 설비가 가득 차서 영유아가 활동할 수 있는 공간이 제한되는 경우도 있으므로 실제 가용 공간을 고려하여 평가해야 할 것이다. 따라서 보육실의 절대적 크기가 최소 기준 이상이며, 영유아가 활동하는 데 서로 방해가 될 만큼 밀집되어 있지 않은지를 관찰하도록 한다.

이 문항에 대한 평가는 모든 보육실의 절대 공간이 영아의 경우에는 $2.64m^2$(0.8평)이며 유아의 경우 $1.98m^2$(0.6평) 이상이고, 보육실 내 영유아의 움직임을 관찰할 때 서로 방해받지 않을 정도이며, 시설 내의 모든 보육실이 이 기준을 충족시킬 때 3점으로 평정한다. 공간 크기가 이처럼 여유 있는 보육실의 수가 절반 이상이면 2점, 공간에 여유 있는 보육실의 수가 절반 미만이면 1점으로 평정한다.

A-2. 실내 공간에는 환기, 조명, 냉방 및 난방 시설이 잘 되어 있다.

점수	평정 기준
3	환기, 조명, 냉방 및 난방 시설이 모두 잘 되어 있어 쾌적한 환경을 유지한다.
2	위의 시설 중 1가지는 잘 되어 있지 않다.
1	위의 시설 중 2가지 이상이 잘 되어 있지 않다.

이 문항은 보육시설 내부에 환기, 조명, 냉·난방 시설이 잘 되어 있는지, 이러한 설비를 적절히 조절함으로써 실내 공간이 쾌적하게 유지되고 있는지 평가하기 위한 것이다. 이러한 요소들은 보육시설에서 많은 시간을 보내는 영유아의 건강과 활동에 중요한 역할을 한다.

보육시설에서는 하루일과를 통해 오전, 오후 1회 이상의 환기를 하여 신선한 공기를 실내에 유입시키도록 한다. 특히 유희실, 식당 및 주방, 화장실은 환기를 시키거나 환풍기 혹은 공기 청정기 등을 이용하여 공기 오염을 막아야 한다. 보육실의 조명은 영유아가 불편 없이 활동하도록 자극적이지 않은 조명을, 유희실은 활발한 움직임을 유도하는 밝은 조명을, 복도나 계단은 보행에 방해되지 않을 정도의 조명을 사용하는 것이 적절하다. 냉·난방 시설과 관련하여 여름에는 에어컨이나 선풍기, 겨울에는 난방기를 통해 실내 적정 온도를 유지하도록 하며 사용시에는 자주 환기를 시켜 공기의 오염을 막는다.

관찰자는 보육시설의 내부를 돌아보면서 환기, 조명, 온도를 조절하기 위한 시설이나 설비가 잘 갖추어져 있고, 이를 적절하게 활용하여 쾌적한 환경을 유지하고 있다면 3점에 평정한다. 그러나 위의 시설 중 어느 1가지가 설치되어 있지 않거나 일부가 작동을 하지 않는다면 2점, 2가지 이상이 잘 되어 있지 않거나 시설 내부가 전반적으로 쾌적하지 않다면 1점에 평정한다.

A-3. 보육 활동 지원을 위한 공간과 설비가 마련되어 있다.

점수	평정 기준
3	보육 활동 지원을 위한 유아용 화장실, 유희실, 식당, 부모용 대기 공간 등이 있다.
2	유아용 화장실은 있으나 유희실, 식당, 부모용 대기 공간 중 일부의 공간만 있다.
1	유아용 화장실은 있으나 보육 활동 지원을 위한 별도의 공간이나 설비가 없다.

이 문항은 보육시설 내의 각종 보육 활동을 지원하는 다양한 공간과 설비가 마련되어 있는지를 평가하기 위한 것이다. 보육시설의 실내 공간은 시설의 운영과 사무 행정을 위한 행정 관리 공간, 아동을 보육하는 공간 그리고 시설 내의 각종 활동을 지원하는 공간으로 나눌 수 있다.

보육 활동 지원을 위한 공간으로는 유아용 화장실, 일기가 나쁠 경우 실외 활동을 실내에서 할 수 있는 유희실, 급·간식 프로그램을 지원할 수 있는 식당, 외부 방문객이나 부모들을 위한 대기 공간 등이 있다. 그밖에도 양호실, 시청각실, 창고 등이 포함될 수 있다. 특히, 유아용 화장실은 보육시설에서 갖추어야 할 필수 공간이다. 유아용 화장실은 유아의 접근이 쉬운 곳에 위치해야 하며, 변기와 세면대는 유아의 신체 크기에 적합하고 그 수가 적절해야 한다.

관찰자는 전체 보육시설 내부를 돌아보면서 이러한 공간들이 있는지를 관찰한다. 만일 보육시설 여건상 성인 화장실과 같은 공간 내에 유아용 변기와 세면대가 있다면 유아용 화장실이 있는 것으로 간주한다. 부모를 위한 대기 공간의 경우에 독립된 공간은 없더라도 현관이나 로비에 의자나 소파, 책꽂이 등을 비치하여 부모가 잠시 머물 수 있도록 마련한 경우라면 부모용 대기 공간으로 간주한다.

따라서 보육시설 내에 유아용 화장실, 유희실, 식당, 부모용 대기 공간 등을 모두 갖추고 있으면 3점, 유아용 화장실은 있으나 나머지 공간 중 일부만 갖추고 있으면 2점으로 평정한다. 그러나 유아용 화장실만 가지고 있고 기타 보육 활동 지원 공간이 없을 때는 1점에 평정한다.

A-4. 교직원에게 필요한 시설 및 설비가 마련되어 있다.

점수	평정 기준
3	교직원에게 필요한 교사실, 성인용 화장실, 휴식 공간(예: 소파), 개인 사물함 (예: 옷장, 보관용 서랍장) 등이 있다.
2	교사실과 성인용 화장실은 있으나 휴식 공간, 개인 사물함 중에서 일부의 시설 및 설비만 있다.
1	성인용 화장실은 있으나 교직원에게 필요한 다른 시설이 거의 없다.

이 문항은 교직원에게 필요한 공간과 시설 및 설비 등이 마련되어 있는지를 평가하기 위한 것이다. 교직원을 위한 공간 중 교사실과 성인용 화장실은 보육시설 내에 필수적이다. 그럼에도 불구하고 우리나라 영유아보육법 시설 기준에는 사무실 외에 교사실에 대한 별도의 규정이 없다. 따라서 공간이 부족할 경우 별도의 교사실 없이 사무실이나 보육실을 공유하게 된다. 그러나 보육의 질에 미치는 교사의 영향을 고려할 때 교사를 위한 공간의 제공은 피로 회복 및 업무의 효율성 측면에서 중요한 역할을 한다. 교사실에서 교사는 보육 활동 계획을 세우고 작업을 할 수 있으며 교사들 간에 대화나 회의를 할 수 있다. 또한 일상적인 보육 활동으로부터 벗어나 잠시 쉬면서 혼자 있거나 긴장을 풀 수 있다. 따라서 교사실은 별도의 공간이 바람직하며 작업 및 휴식을 위한 가구와 교사 개인 사물함 등이 제공되어야 한다.

이 문항에 대한 평가를 위해 우선 보육시설 내에 교직원을 위한 성인용 화장실과 교사실 공간이 별도로 있는지 확인한다. 성인용 화장실이 유아용 화장실과 같은 공간에 있더라도 구분되어 있으면 성인용 화장실이 있는 것으로 간주한다. 또한 독립된 교사실 공간이 작업, 휴식 및 수납 기능을 충분히 하고 있다면 3점에 평정한다. 그러나 교사를 위한 화장실과 별도의 교사실은 있지만 교사실이 협소하여 앞서 기술한 기능 중 일부만 가능하다면 2점에 평정한다. 성인용 화장실만 있거나, 교직원에게 필요한 시설이 거의 없다면 1점에 평정한다.

A-5. 비품과 교육 자료의 보관을 위한 장소가 마련되어 있다.

점수	평정 기준
3	현재 사용하지 않는 비품과 교육 자료를 보관할 창고 또는 자료실이 있다.
2	창고 또는 자료실이 있으나 보관할 장소가 부족하다.
1	보관할 창고나 자료실이 따로 없다.

　이 문항은 어린이집에 별도의 창고나 자료실이 확보되어 있는지를 평가하기 위한 것이다. 어린이집에는 사용하지 않는 비품과 교육 자료를 보관할 장소가 반드시 필요하다. 사용하지 않는 비품이나 교육 자료가 일상적인 공간에 항상 노출되어 있으면 자료로써의 호기심을 일으키지 않으며, 동선에 방해가 되거나 아동의 안전에 문제가 생길 수 있다. 그리고 영유아에게 제공되는 교육 자료의 양을 적절하게 조절하고, 교육 계획안에 맞추어 제공하기 위해서 자료실은 반드시 필요하다.

　관찰자는 어린이집 전체 시설을 돌아볼 때 자료실이나 교재실 혹은 창고라고 지정된 공간이 있는지 확인하고, 가능하면 문을 열어서 자료 보관 용도로 실제 사용하고 있는지 관찰한다. 이외에 교재실이나 창고의 용도로 사용되고 있는 장소라고 생각되면 문을 열어서 관찰한 후 평가한다.

　어린이집 내에 자료실, 교재실, 창고 또는 비품 보관실로 전용되고 있는 공간이 별도로 있고 물품이 충분히 수납되고 있는 경우 3점에 평정한다. 별도의 자료실 외에도 복도나 보육실에 교재장이 있을 수 있다. 이 때에는 붙박이식으로 설치해 보육실과 통로의 원래 기능에 지장을 주지 않는다면 3점에 평정한다. 자료 보관을 위한 별도의 공간이 있지만 협소하여 수납이 거의 안 되거나, 교재장이 교사실이나 보육실 또는 복도에 있는 경우 2점에 평정한다. 그러나 자료 수납 방법과 상관없이 어린이집 내에 별도의 창고나 자료실이 전혀 없는 경우에는 1점에 평정한다.

A-6. 출입문과 창문의 상태는 안전하다.

점수	평정 기준
3	현관과 보육실 등 출입문과 창문의 상태가 모두 안전하다. (영유아의 보행을 방해하지 않는 문턱, 작동이 부드러운 출입문, 출입문에 손가락 끼임 방지를 위한 완충제 부착, 창문 유리가 파손되어 있지 않음)
2	출입문과 창문의 상태가 대체로 안전하나 부분적으로 안전이 우려되는 곳이 있다.
1	출입문이나 창문의 상태가 안전하지 못하다.

출입문과 창문의 상태는 영유아의 안전과 직결되어 있어 매우 중요한 항목이다. 따라서 관찰자는 어린이집 전체 시설을 돌아볼 때 출입문과 창문의 상태를 직접 열고 닫아보도록 한다. 특히 2층 이상 건물의 경우, 어느 한 층만 점검하지 말고 반드시 각 층의 출입문과 창문 상태를 확인해보아야 한다. 출입문의 경우 관찰자가 보육실을 드나들면서 자연스럽게 관찰할 수 있으며 이 때 문턱의 높이도 점검하도록 한다. 문턱의 높이는 보행에 지장을 주지 않거나 문턱 자체가 없어야 한다. 또한 영유아의 눈높이에 있거나 손이 닿는 곳의 창문 상태와 창문 유리의 파손 여부를 관찰하여 창문을 열어놓을 때 실내 아동에게 방해가 되는지, 손가락이 끼일 가능성을 방지하고 있는지 등을 확인해야 한다.

출입문과 창문이 모두 부드럽게 열리고 닫히며 안전하고 출입문 문턱 높이가 보행에 지장이 없으면 3점에 평정한다. 출입문과 창문의 상태가 전반적으로는 안전하나 그렇지 못한 경우가 한두 개 있는 경우 2점에 평정한다. 안전하지 못한 경우의 예로는 출입문이나 창문이 잘 열리지 않아 힘을 세게 주어야 하는 경우, 반대로 조금만 손을 대도 열리거나 저절로 열리는 경우, 양방향 모두 열리는 경우 등이다. 안전하지 못한 출입문과 창문이 더 많고, 특히 문턱의 높이가 3cm이상인 경우나 유리창이 파손되어 있는 경우가 있다면 1점에 평정한다.

A-7. 실내 시설 · 설비는 안전하고 수리가 잘 되어 있다.

점수	평정 기준
3	실내 시설 · 설비에 날카로운 면이나 위험한 돌출 부위가 없고 견고하며 파손된 부분이 없다.
2	실내 시설 · 설비가 대체로 안전하나 수리를 필요로 하는 부분이 있다.
1	실외 시설 · 설비에 위험한 요인이나 수리를 필요로 하는 부분이 분명히 있다.

이 문항은 어린이집의 보육실을 제외한 실내 시설과 설비의 전반적 안전을 평가하기 위한 문항이다. 일반적으로 어린이집의 시설은 건축 측면에서 영유아에게 완벽하지 못한 경우가 있을 수 있다. 그러므로 시설 · 설비가 영유아에게 안전한 환경이 될 수 있도록 관리하고 있는지의 측면에 주의하여 평가하도록 한다.

관찰자는 어린이집 내부 시설 전체를 돌아보면서 계단 난간, 난방 장치, 전등 고정 상태, 붙박이장, 마감재 등의 상태가 안전한지를 확인하도록 한다. 계단의 경우 손잡이의 모서리가 돌출되거나 모가 나서 영유아의 머리에 부딪힐 위험이 없어야 하며, 난간은 막혀 있거나 폭이 좁아서 추락의 위험이 없어야 한다. 그리고 복도에 부딪힐 만한 위험 요소가 없어야 하며, 만약 기둥이나 벽체가 튀어나와서 부딪힐 요소가 있다면 스펀지 등의 완충제를 부착하여 영유아 안전을 관리하고 있는지 확인한다. 이외에도 못이 튀어나와 있거나 깨지거나 파손된 시설 · 설비가 있는지 확인하고, 벽에 매달린 액자 등의 고정 상태를 점검한다. 난방 장치(라디에이터)의 경우 덮개 역할을 하는 박스가 반드시 있어서 직접 노출되지 않도록 해야 하며, 전등의 경우 추락 위험이 없도록 잘 고정되어 있어야 한다. 붙박이장의 문은 고정 장치가 불완전하여 항상 열려 있거나 손잡이 부분이 영유아의 머리 높이에 위치하지 않는지 살펴보고, 바닥재의 일부가 들떠서 걸려 넘어질 우려가 있거나 파손된 부분이 없는지 점검한다.

이와 같이 실내 시설 · 설비에 날카로운 면이나 위험한 돌출 부위가 없고 견고하며, 파손되어 수리를 요하는 부분이 없다면 3점으로 평정한다. 실내 시설 · 설비가 대체로 안전하고 위험 부분을 막거나 둘러싸는 등 안전을 위해 관리하고 있어서 큰 문제는 없으나 약간 수리를 필요로 하는 부분이 있다면 2점에 평정한다. 실내 시설 · 설비에 위험 요소나 수리를 필요로 하는 부분이 분명하게 한 곳이라도 있다면 1점으로 평정한다.

A-8. 실외 시설 · 설비는 안전하고 수리가 잘 되어 있다.

점수	평정 기준
3	실외 시설 · 설비에 날카로운 면이나 위험한 돌출 부위, 위험물이 없고 견고하며 파손된 부분이 없다.
2	실내 시설 · 설비가 대체로 안전하나 수리를 필요로 하는 부분이 있다.
1	실외 시설 · 설비에 위험한 요인이나 수리를 필요로 하는 부분이 분명히 있다.

　이 문항은 실외의 시설 · 설비가 안전하고 수리가 잘 되어 있는지를 전반적으로 평가하는 문항이다. 실외 공간은 영유아가 활동적으로 움직이는 공간이므로 이용하는 시설이나 설비의 안전이 무엇보다 중요하다. 실외의 시설 · 설비란 그네나 미끄럼, 시소 등의 놀이기구와 건물의 외벽, 울타리 등을 의미하며 이런 시설 설비들이 안전하게 관리되고 있는지를 고려하여 관찰하도록 한다.

　실외 시설 · 설비가 안전하고 수리가 잘 되어 있으려면 날카로운 면이나 위험한 돌출 부위가 없고 견고하며 깨지거나 부서져서 파손된 곳이 없어야 한다. 예를 들어, 그네 주변에 안전을 위한 방책(예: 나무 울타리)을 설치하고 미끄럼 아래에는 충격 방지용 고무판을 설치할 수 있다. 또한 건물 외벽이나 울타리에는 거친 표면이나 돌출 부위가 없어야 한다. 이와 같이 영유아에게 위험 요소가 없다고 판단되면 3점에 평정한다.

　한편 시설 · 설비가 대체로 안전하고 사용상 크게 위험해 보이지는 않으나 약간의 수리를 필요로 하는 부분이 관찰되면 2점으로 평정한다. 그러나 시설물 자체가 견고하지 않아 위험한 경우, 영유아의 동선에 시설물의 연결 부위가 돌출되어 있거나 시설물의 나사가 빠져 있는 경우, 그네 등의 철 구조물에 녹이 슬어 마모되어 있는 경우, 그네 줄의 길이가 동일하지 않아 사고의 위험이 있는 경우에는 1점으로 평정한다. 또한 나무 재질의 놀이기구가 썩어 있어 일부 부서지거나, 건물 외벽이나 울타리에 거친 부분이나 돌출 부위가 있을 때 또는 사용하지 않는 시설이나 설비를 폐기하지 않고 실외에 방치해둔 경우도 1점으로 평정한다.

A-9. 실외 공간은 다양한 활동이 가능하도록 구성되어 있다.

점수	평정 기준
3	실외 공간은 대근육 운동, 물·모래놀이, 자연 관찰 등 다양한 활동이 가능하도록 구성되어 있다.
2	실외 활동이 부분적으로만 가능하다.
1	실외 활동 공간이 없거나 어느 1종류만 가능하다.

이 문항에서는 실외 공간이 다양한 활동을 할 수 있도록 구성되어 있는지를 평가하기 위한 것이다. 실외 공간은 실내에서 실시하기 어려운 신체 활동이나 대근육 운동만을 위한 장소 또는 쉬는 시간을 보내는 곳이 아니라 실내에서 이루어지는 거의 모든 활동을 할 수 있도록 다양하게 구성될 필요가 있다. 특히 물·모래놀이, 자연 관찰 같은 활동은 실외가 더 적합하다고 볼 수 있으며, 실내 활동을 확장시키고 상호보완적인 경험을 제공한다.

적절한 실외 공간이란 실외 활동을 위해 경계가 분명한 독립된 공간이 있고, 대근육 운동을 위한 시설물(예: 그네, 시소, 미끄럼틀, 복합 시설물), 자전거길 등이 구성되어 있는 경우를 의미한다. 또한 물·모래놀이를 위한 공간이 있고 동식물 기르기를 포함한 자연 관찰이 가능하며, 조용한 활동과 휴식 공간이 구성되어 있는 경우이다. 이와 같이 이상적인 실외 공간에 근접하고 최소한 대근육 운동, 물·모래 놀이, 자연 관찰 등 실외가 더 적합한 활동의 공간이 마련되어 있으면 3점으로 평정한다.

한편 독립된 실외 공간이 없거나 건물의 옥상 또는 인근의 놀이터나 공원을 대체하여 이용하고 있어 영유아에게 부분적으로 실외 활동을 제공하는 경우는 2점으로 평정한다. 실외 활동 공간이 전혀 없거나 공간은 있지만 상당히 제한되어 있어서 1종류의 활동만 가능한 경우(예: 모래놀이, 꽃밭 관찰)는 1점으로 평정한다.

A-10. 실외 바닥은 다양한 표면으로 되어 있다.

점수	평정 기준
3	실외 바닥은 흙, 잔디, 모래, 콘크리트 등 다양한 표면으로 되어 있다.
2	실외 바닥은 주로 1종류로 되어 있으나 다른 표면도 일부 있다.
1	실외 바닥은 1종류의 재질로만 되어 있다.

이 문항은 실외 놀이터 바닥이 다양한 종류의 표면으로 구성되어 있는지를 평가하는 것이다. 실외 바닥은 단일 재료로 된 것보다 공간 용도에 따라 여러 가지 재료로 구성되어 있어서 다양한 경험을 제공하도록 하는 것이 중요하다.

실외 바닥의 표면이 적절한 예로는 자연을 경험할 수 있도록 흙이나 잔디로 덮인 부분, 놀이 기구 주변의 모래, 콘크리트 · 시멘트 · 보도 블록 등 딱딱한 바닥 등으로 구성되어 있어서 각 용도에 맞는 활동을 제공할 수 있는 경우이다. 이렇게 다양한 활동이 가능하도록 바닥 구성이 되어 있는 경우에는 3점으로 평정한다.

반면 실외 바닥에서 한 종류가 대부분을 차지하고 일부 다른 종류의 표면도 있는 경우는 2점으로 평정한다. 실외 바닥이 아스팔트나 흙바닥 등 1종류의 재질로만 되어 있거나 실외 놀이터가 없는 경우는 1점으로 평정한다.

A-11. 영유아의 조작과 탐구 활동을 촉진시킬 수 있는 물 · 모래놀이 설비가 마련되어 있다.

점수	평정 기준
3	영유아의 조작과 탐구 활동을 촉진시킬 수 있도록 물놀이대, 모래상자 또는 모래밭, 급 · 배수 시설 등의 다양한 설비가 있다.
2	물 · 모래놀이 설비 중 1, 2가지만 있다.
1	물 · 모래놀이 설비가 없다.

이 문항은 실외 공간에 물 · 모래놀이를 위한 설비가 마련되어 있는지를 평가하는 것이다. 물 · 모래놀이는 영유아의 조작 활동과 탐구 활동을 촉진시킬 뿐 아니라 소근육 운동과 협응 그리고 정서적 긴장을 해소시키는 데 도움이 된다.

물 · 모래놀이 시설의 적절한 예로는 물놀이대가 있으며, 한편에 모래밭이나 모래상자가 따로 마련되어 있고, 가까이에 급수를 위한 수도 시설과 배수를 위한 하수 시설이 되어있어 상시로 사용할 수 있는 경우이다. 이처럼 물놀이와 모래놀이를 모두 할 수 있도록 시설이 마련되어 있으면 3점으로 평정한다.

한편 물 · 모래놀이 설비에서 물놀이대와 수도만 있거나 모래밭과 수도만 있는 등 어느 1, 2가지만 있는 경우는 2점으로 평정하며, 물 · 모래놀이 설비가 둘 다 없는 경우는 1점으로 평정한다.

2. 건강·안전·영양

영유아에게 청결하고 안전한 환경의 제공 그리고 적절한 영양의 공급은 기본적 욕구의 충족 면에서 본질적인 것이다. 우수한 질의 보육 프로그램은 영유아의 기본적 욕구를 충족시킬 뿐 아니라 이를 통해 건강하고 안전한 생활에 대한 습관도 형성할 수 있게 한다. 이러한 관점에서 이 영역의 내용은 실내 시설의 청결과 위생, 급·간식의 관리, 유아의 건강과 안전으로 구분하며 다음과 같이 총 11문항으로 구성되어 있다.

건강·안전·영양	관련 내용과 문항	
실내 시설의 청결과 위생	· 보육실 이외의 실내 시설의 청결	(문항 B-1)
	· 화장실과 세면장의 청결	(문항 B-2)
	· 보육실의 청결, 환기, 적정 습도 유지	(문항 B-3)
	· 기저귀갈기 영역의 구비와 청결	(문항 B-4)
급·간식의 관리	· 주방 내 급식 설비의 청결	(문항 B-5)
	· 급·간식의 영양가와 다양한 식단	(문항 B-6)
유아의 건강과 안전	· 물컵의 청결, 건조한 관리	(문항 B-7)
	· 영유아 칫솔과 양치컵 관리	(문항 B-8)
	· 낮잠 공간의 구비	(문항 B-9)
	· 보육실 환경 내의 위험 요소 부재	(문항 B-10)
	· 전기 콘센트의 안전덮개	(문항 B-11)

각 문항의 평정 기준을 다음에 제시하고자 한다.

B-1. 보육실을 제외한 실내 시설이 청결하다.

점수	평정 기준
3	보육실을 제외한 실내 시설(현관, 복도, 공유 공간)이 모두 청결하다.
2	실내 시설의 청결 상태가 미흡한 곳이 있다.
1	실내 시설이 청결하지 못하다.

이 문항은 보육시설의 내부가 청결한지를 평가하기 위한 것이다. 청결한 환경은 영유아나 성인의 건강과 직결되어 있으므로 보육시설 내부 공간의 청결 상태는 무엇보다 중요하다. 이런 이유로 영유아가 대부분의 시간을 보내는 보육실의 청결은 문항 B-3에서, 화장실의 청결은 문항 B-2에서 따로 다루고 있다. 따라서 이 문항에서는 보육실과 화장실을 제외한 현관, 복도 그리고 기타 공유 공간, 즉 유희실, 교사실, 자료실 등의 청결 상태에 초점을 두고 평가하도록 한다.

적절한 실제의 예로는 보육시설의 모든 실내 시설 및 설비는 정기적으로 청소, 소독, 세척을 함으로써 청결을 유지해야 한다. 물론 각 시설 및 설비의 특성에 따라 이러한 청소, 소독, 세척 주기는 다르다. 즉, 영유아나 외부인의 출입이 잦은 현관은 수시로, 복도와 공유 공간은 1일 1회 이상 청소한다. 또한 해충 방지를 위해 월 1회 이상 소독을 실시하며 년 2회 이상 내부의 벽, 유리창, 가구 세척 등의 대청소를 실시함으로써 모든 시설과 설비를 청결하게 유지하도록 한다.

관찰자는 보육시설을 방문하여 오전 실외놀이가 실시되기 전에 내부를 돌아보면서 청결 상태를 확인하는 것이 좋다. 예를 들어 현관의 신발장과 바닥이 깨끗한지, 복도나 공유공간에 오래된 먼지나 휴지 등이 그대로 방치되어 있지는 않은지, 공유 공간의 선반이나 창틀에 오래된 먼지가 쌓여 있지는 않은지, 벽이나 창문이 오염된 채로 방치되어 있지는 않은지, 바퀴벌레와 같은 해충이 발견되지는 않는지 등을 확인하도록 한다.

청소나 소독 상태가 양호하여 청결 상태를 잘 유지하고 있는 경우에는 3점, 청소 상태가 다소 미흡하여 먼지나 휴지가 가끔 눈에 띄는 경우에는 2점으로 평정한다. 그러나 청소, 소독 상태가 불량하여 먼지가 자주 눈에 띄거나 큰 먼지 덩어리가 발견되는 경우 혹은 해충이 발견될 경우에는 1점에 평정한다.

B-2. 화장실과 세면장이 청결하며, 세면장에는 깨끗한 수건과 비누 등이 정리되어 있다.

점수	평정 기준
3	화장실과 세면장이 청결하며, 깨끗하고 마른 수건(또는 일회용 수건)과 비누가 항상 비치되어 있다.
2	화장실과 세면장의 청결 및 수건과 비누의 비치 상태가 부분적으로 미흡하다.
1	화장실과 세면장이 불결하며, 비누가 없거나 수건이 젖어 있다.

이 문항은 화장실과 세면장의 청결과 세면장에 필요한 용품들이 적절한 상태로 관리되고 있는지를 평가하기 위한 것이다. 보육시설 내 화장실과 세면장은 영유아가 수시로 이용하는 곳이므로 쉽게 오염될 수 있으며 이는 영유아의 건강에 영향을 줄 수 있다. 특히, 세면장의 비누와 수건의 관리 상태는 영유아의 질병 방지와 확산에 중요한 역할을 한다.

보육시설에서 화장실의 청결을 유지하기 위한 실제의 적절한 예로는 화장실 휴지통을 매일 비우며 변기와 바닥, 세면대도 매일 청소하고 소독한다. 세면대마다 비누가 비치되어야 하며, 전염성 질환의 확산을 막기 위해 일회용 수건(종이 타월)을 사용하거나 일반 수건일 경우 자주 교체하여 항상 마른 상태의 수건을 제공해야 한다.

관찰자는 화장실과 세면장을 돌아보면서 휴지통은 비워져 있는지, 화장실에서 악취가 나지 않는지, 변기나 바닥, 세면대는 세척이 되었는지, 비누가 세면대마다 비치되어 있는지, 마른 수건이나 일회용 수건이 비치되어 있는지 등을 살펴본다. 만일 일회용 수건을 사용하지 않는 기관이라면, 젖은 수건을 마른 수건으로 교체하는지 수시로 확인한다.

이를 통해 모두 양호한 상태라면 3점에 평정한다. 그러나 청결 상태나 수건, 비누의 비치 상태 중 어느 하나가 부분적으로 미흡한 경우에는 2점, 청결 상태나 수건, 비누 비치 상태 모두가 양호하지 않은 경우에는 1점에 평정한다.

B-3. 보육실은 청결하고 환기가 되어 있으며, 습도가 적절하게 유지된다.

점수	평정 기준
3	보육실은 청결하고 환기가 잘 되어 있으며, 습도를 조절하기 위해 가습기 또는 제습기(에어컨) 등을 사용한다.
2	보육실은 청결하나, 환기와 습도 조절이 미흡하다.
1	보육실의 청소 상태가 청결하지 못하다.

이 문항은 어린이집 보육실의 청결과 환기, 습도 상태를 평가하기 위한 것이다. 보육실은 영유아들이 가장 오랜 시간 머무는 곳이므로 보육실의 쾌적한 환경은 영유아의 건강에 필수적이다. 이를 위해서 보육실은 항상 청결해야 하며, 수시로 창문을 여는 등 환기를 하여 신선한 공기가 순환될 수 있도록 하고, 적절한 습도를 유지하여야 한다. 관찰자는 어린이집 전체 시설을 돌아볼 때 보육실의 전반적인 청결 상태를 일단 관찰한다. 그리고 영아반과 유아반에 들어가서 관찰을 할 때 청결 상태를 한 번 더 자세히 점검하고, 환기와 습도 상태를 확인한다.

보육실 내의 바닥이 청결하고 구석진 곳이나 교구장 위에 먼지가 없는지 전반적인 청결 상태를 점검한다. 특히 실내 놀이 시간이 어느 정도 경과한 후 정리 시간이 되었을 때, 식사 시간 후에나 낮잠 시간 후에는 반드시 창문을 열어 환기를 하는지 확인한다. 그리고 겨울철에는 가습기, 여름철에는 에어컨을 사용하여 습도를 조절하고 있는지 관찰하고 가습기나 에어컨을 사용하지 않는 계절에는 습도가 적절하여 쾌적한지를 점검한다.

보육실의 청결, 환기, 습도 조절이 모두 잘 되어 있으면 3점에 평정한다. 한편 보육실의 청결 상태는 양호하나, 환기와 습도 중 1가지라도 미비하면 2점에 평정한다. 예를 들어 겨울철인데 보육실 내에 가습기가 없거나, 여름철에 에어컨 가동이 안 되어 습도가 높은 경우, 실내에서 좋지 않은 냄새가 나는 경우 등에 해당되면 2점에 평정한다. 보육실의 청소 상태가 청결하지 못하다면 환기와 습도 조절에 관계없이 1점에 평정한다.

B-4. 기저귀갈기 영역에는 필요한 용품이 구비되어 있고, 사용한 기저귀는 청결하게 처리한다.

점수	평정 기준
3	기저귀갈기 영역에는 방수요, 물수건, 종이 기저귀, 기저귀 팬티 등 필요한 용품이 항상 구비되어 있고, 사용한 기저귀는 청결하게 처리한다.
2	필요한 용품이 일부 구비되어 있지 않거나, 사용한 기저귀가 청결하게 처리되지 못할 때도 있다.
1	기저귀갈기 영역이 없거나, 필요한 용품이 구비되어 있지 않다.

이 문항은 기저귀를 사용하는 영아가 있는 반에서는 반드시 필요한 영역으로 기저귀갈기 영역이 다른 활동 영역과 구분되어 있는지, 필요한 용품 등이 구비되고 청결하게 처리되는지를 평가하기 위한 것이다. 기저귀갈기 영역은 배변 처리 과정에서 교사가 영아와 개별적으로 상호작용 하면서 영아에게 긍정적인 경험을 제공하고 배변 훈련을 위한 기본 활동도 제공할 수 있도록 별도로 마련한다. 또한 기저귀갈기 영역은 영아의 건강과 위생을 위해 청결한 관리가 중요하다. 용변 후 처리가 청결하지 못하면 악취 발생과 세균 번식의 원인이 될 수 있다. 이 문항을 관찰하기 위해서는 기저귀를 사용하는 영아가 있는 보육실을 관찰하여야 하고 기관 전체에 기저귀를 사용하는 영아가 없는 경우에는 N/O에 표시하도록 한다.

기저귀갈기 영역의 관리가 적절한 예로는 우선 기저귀를 사용하는 영아반에 기저귀를 갈 수 있도록 별도의 영역이 마련되어 있으며, 비닐 방수요가 구비되어 있어 기저귀를 교체할 때 영아를 눕힐 수 있고 오물이 묻더라도 쉽게 닦을 수 있어야 한다. 그리고 위생적인 처리를 위해 수돗물 사용이 가능하여야 하고, 이러한 설비가 없다면 물수건이 있어야 한다. 그리고 종이 기저귀나 기저귀 팬티가 손 닿는 곳에 정리되어 있어 쉽게 이용할 수 있어야 한다. 또한 사용한 기저귀를 처리할 수 있도록 뚜껑 있는 별도의 쓰레기통이 구비되어 있어 보육실 내 환경을 청결하게 관리해야 한다. 이와 같이 영역의 구분, 필요한 용품의 구비 상태 그리고 사용한 기저귀 처리가 청결하게 이루어질 때 3점으로 평정한다.

한편 기저귀갈기 영역은 별도로 구분되어 있으나 사용할 수 있는 용품이 일부 구비되어 있지 않거나 사용한 기저귀를 보육실 내 뚜껑이 없는 쓰레기통에 함께 버리는 등 청결하게 처리하지 못하는 경우에 2점으로 평정한다. 기저귀를 사용하는 영아가 있는데도 불구하고 기저귀갈기 영역이 별도로 구분되어 있지 않아 보육실 바닥에 영아를 눕히고 기저귀를 교체하거나 필요한 용품이 구비되어 있지 않은 경우에는 1점으로 평정한다.

B-5. 주방 내의 급식 설비가 청결하고, 식기류는 건조하게 보관된다.

점수	평정 기준
3	주방 내의 급식 설비가 청결하고, 식기류(예: 컵, 수저, 식판, 간식용 접시)는 건조하게 보관된다.
2	급식 설비와 식기류의 청결 및 건조 상태가 부분적으로 미흡하다.
1	급식 설비와 식기류가 청결하지 못하다.

이 문항은 급식과 간식을 제공하는 주방 내 설비의 청결 상태와 식기류 보관 상태를 평가하기 위한 것이다. 주방 내 급식 설비의 청결은 안전한 급식을 위한 필수적인 요소이다. 특히 음식과 관련된 질병은 매우 위험하며 영유아에게 치명적일 수도 있다. 따라서 주방에서는 급식 설비의 청결을 위해 철저한 계획을 세워 관리하도록 한다. 한편 식기류의 건조 상태는 미생물 번식과 관련이 있으므로 반드시 건조된 식기류를 제공해야 한다.

적절한 실제의 예로는 주방의 조리대, 가스레인지, 냉장고, 바닥, 벽 등에 대한 청결 계획을 세워 정기적으로 실시한다. 휴지통은 매일 비우고, 조리대, 가스레인지, 주방 바닥과 벽은 매일 소독하여 청결을 유지하고, 냉장고는 주 1회 반드시 내부를 청소하여 성에를 제거하며, 선반이나 냉장고 표면 등은 수시로 청소한다. 특히 컵, 수저, 식판, 간식용 접시 등과 같이 자주 사용하는 식기류는 행주를 이용하여 물기를 닦지 않고, 건조기나 자외선 소독기에 넣어 건조시키는 것이 바람직하다.

관찰자는 주방을 돌아보면서 주방의 바닥과 벽면이 깨끗한지, 조리대와 냉장고 그리고 가스레인지 주변이 오염되어 있지 않은지, 완전히 건조된 식기류를 제공하는지 등을 확인한다. 만일 이러한 상태가 모두 양호하다면 3점으로 평정한다. 그러나 급식 설비의 청결 상태나 식기류 건조 상태 중 어느 하나가 미흡한 경우에는 2점을, 급식 설비와 식기류가 청결하지 못하고 따라서 식기류가 건조된 상태로 제공되지 않은 경우에는 1점으로 평정한다.

B-6. 급·간식의 영양이 풍부하고 다양한 종류의 식단이 제공된다.

점수	평정 기준
3	영양소와 조리 형태가 적합한 식단으로 급·간식이 제공된다.
2	영양소와 조리 형태가 부분적으로 적합하지 않은 것이 있다.
1	영양소와 조리 형태가 적합하지 않다.

이 문항은 보육시설에서 제공하는 급식과 간식의 영양소가 풍부한지, 영유아의 기호에 맞게 조리 형태가 다양한지 등을 평가하기 위한 것이다. 보육시설에서 제공하는 급·간식은 영유아의 신체 발달과 건강에 중요할 뿐 아니라 올바른 식습관 형성을 위해서도 중요한 역할을 한다.

보육시설에서 급·간식을 제공할 때에는 필수 영양소를 충족시키기 위해 영유아에게 필요한 일일 권장량을 고려하고 필수 식품군들이 포함되도록 한다. 특히 단백질, 철분, 칼슘, 비타민 C는 영유아에게 반드시 필요한 영양소이고 결핍되기 쉬운 영양소이므로 매일 공급하도록 계획한다. 식품 재료는 공산품보다는 제철의 신선한 자연 식품을 이용하며, 영유아가 먹기에 적합한 조리법으로 식단에 변화를 주도록 한다.

관찰자는 우선 주방에 게시된 식단을 통해 필수 영양소와 다양한 조리 형태를 고려했는지를 확인한다. 이 때 오전 간식이나 점심 급식 시간에 제공되는 형태를 관찰할 수 있다면 더욱 바람직하다. 관찰 결과 식단의 영양소와 조리 형태가 영유아에게 적합하게 제공되고 있다면 3점으로 평정한다. 그러나 영양소와 조리 형태 중 어느 한 가지가 부분적으로 부적합한 경우에는 2점으로 평정한다. 예를 들면, 공산품에 치중된 식품을 사용하는 경우, 음식의 맛이 너무 자극적인 경우, 음식물의 온도나 반찬의 크기가 영유아가 먹기에 적절하지 않은 경우, 영양소가 너무 한쪽(예: 당분)에 편중된 간식을 제공하는 경우 등이다. 영양소와 조리 형태가 모두 적합하지 않은 경우라면 1점으로 평정한다.

B-7. 물컵은 청결하고 건조하게 관리한다.

점수	평정 기준
3	물컵은 청결하고 건조하게 관리한다.
2	물컵은 청결하게 관리하나, 건조하게 보관하고 있지 않다.
1	소수의 물컵을 교체하지 않고 사용하여 관리 상태가 청결하지 않다.

어린이집에서는 영유아가 장시간 생활하므로 식사 시간 외에 물을 마시는 기회가 잦다. 따라서 어린이집 내에는 점심 식사 시간 외에 영유아가 원할 때 물을 마실 수 있도록 준비해주어야 한다. 이 문항은 물 마시는 곳의 물컵 관리 상태를 평가하기 위한 것이다.

관찰자는 어린이집 전체 시설을 돌아보면서 물 마시는 곳에 비치된 물컵의 관리 상태를 점검한다. 일반적으로 식당 내, 각 층의 홀이나 복도, 보육실 내에 영유아가 물을 마실 수 있는 곳이 있다. 사용하기 전의 물컵은 항상 청결하고 건조해야 하며, 한 번 사용한 물컵은 따로 두어 다시 사용하지 않는 것이 위생적이다. 이를 관찰하기 위해서는 물컵이 있는 곳을 2회 이상 관찰한 후 평정한다.

물컵이 청결하고 건조하며, 사용한 물컵을 두는 곳이 별도로 있고, 사용한 물컵이 새 물컵으로 교체되고 있으면 3점에 평정한다. 물컵을 자외선 소독기에 보관하고 있거나, 종이컵을 사용하는 경우도 3점에 해당된다. 사용하지 않은 물컵의 상태는 청결하지만, 새 물컵과 사용한 물컵이 섞여 있거나 새 물컵이 물기가 많은 곳에 보관되어 있다면 2점에 평정한다. 소수(2, 3개)의 물컵을 교체하지 않고 사용하고 있거나, 사용한 물컵과 새 물컵의 구별이 전혀 없는 등 청결 관리가 안 되고 있는 경우 1점에 평정한다.

B-8. 영유아의 칫솔과 양치컵은 청결하고 건조하게 관리한다.

점수	평정 기준
3	칫솔과 양치컵은 청결하게 관리하고 건조한 곳에 따로 보관한다.
2	칫솔과 양치컵은 청결하나, 건조한 곳에 보관하고 있지 않다.
1	칫솔과 양치컵의 관리 상태가 청결하지 않다.

　대부분의 어린이집은 점심 식사 후 이닦기 시간을 가지므로 칫솔과 양치컵을 보관하게 된다. 물컵과 마찬가지로 칫솔과 양치컵의 관리 상태는 영유아의 건강과 위생에 직접적으로 연결되어 있다. 이 문항은 어린이집에서 칫솔과 양치컵의 관리를 어떻게 하고 있는지를 평가하기 위한 것이다.

　관찰자는 어린이집 전체 시설을 돌아볼 때 칫솔과 양치컵의 상태를 점검한다. 칫솔과 양치컵에 치약 등의 잔여물이 없고 청결한지 관찰한다. 또한 사용 후에는 여러 명의 칫솔이 서로 닿지 않게 개인별로 건조하게 보관해야 위생적이다. 건조기를 사용하여 보관하는 것이 가장 이상적이나, 통풍이 잘 되고 먼지가 없는 곳에서 물기가 없도록 잘 말려서 보관한다.

　칫솔과 양치컵이 청결하고 별도의 장소(예: 건조기, 보관장, 선반)에 건조하게 개인별로 보관하고 있으면 3점에 평정한다. 칫솔과 양치컵의 상태는 청결하지만, 세면대 바로 옆이나 화장실 출입구 옆, 보육실의 교구장 위 등 건조하지 못하거나 청결의 우려가 있는 곳에 보관하고 있다면 2점에 평정한다. 칫솔을 모아서 보관하여 건조하지 못한 경우도 2점에 해당한다. 칫솔과 양치컵에 잔여물이 남아 있는 등 관리 상태가 청결하지 못하다면 1점에 평정한다.

B-9. 낮잠을 위한 공간의 확보가 가능하며, 조명이나 커튼 등을 이용하여 낮잠 분위기를 조성한다.

점수	평정 기준
3	낮잠을 위한 공간이 따로 있거나 가구를 이용하여 쉽게 공간을 마련할 수 있으며, 조명이나 커튼 등으로 낮잠을 위한 분위기를 조성한다.
2	낮잠을 위한 공간은 마련할 수 있으나, 낮잠 분위기 조성은 부분적으로 가능하다.
1	낮잠을 위한 공간이 부족하고, 낮잠 분위기 조성이 어렵다.

이 문항은 영유아의 낮잠을 위한 공간 구성과 낮잠 분위기 조성을 위한 여건에 대하여 평가하기 위한 것이다. 어린이집에서 하루종일 지내는 영유아에게 낮잠은 장시간의 교육적 자극으로 피곤해진 영유아의 심신에 적절한 휴식을 제공해주며 긴장을 해소시켜준다는 점에서 반드시 필요하다. 그러므로 영유아가 편안하게 잠을 이룰 수 있도록 공간을 확보해주고 취침을 위한 전반적인 분위기를 조성해주어야 한다. 이 문항에 대한 관찰을 위해서는 영유아의 낮잠 준비를 위해 요를 모두 펼치고 커튼으로 창문을 가린 후 조명이 꺼진 상태를 기준으로 평가하도록 한다.

낮잠을 위한 공간 구성과 분위기 조성의 적절한 예로는 낮잠을 위해 별도의 공간이 구성되어 있거나 이동 가능한 가구를 이용하여 모든 영유아가 낮잠을 이루기에 충분한 공간이 마련된 경우이다. 그리고 창문이 많거나 햇빛이 많이 드는 보육실에서는 두툼한 커튼 또는 블라인드를 이용하여 빛을 차단할 수 있으며 조명을 끈 상태에서 어두운 분위기가 조성될 수 있어야 한다. 또한 조용한 음악이 흐르는 등 취침에 도움이 되는 환경을 제공하고 있는 경우이다. 이와 같이 낮잠을 위한 공간이 충분하고, 적절한 방법으로 낮잠을 잘 수 있는 분위기를 조성한다면 3점으로 평가한다.

한편 낮잠을 위한 공간은 마련되어 있으나 창문에 얇은 커튼만 있어서 낮잠을 위한 분위기가 부분적으로만 조성되는 경우에는 2점으로 평정한다. 영유아 수에 비해 낮잠을 위한 공간이 부족하여 요를 겹쳐 깔아놓았고, 창문에는 커튼 등이 없어서 조명을 끄더라도 낮잠을 위한 분위기가 잘 이루어지지 않는 경우에 1점으로 평정한다. 또한 영유아가 만 3, 4세로 낮잠이 필요한 연령인데도 낮잠 공간이 없고 일과에 낮잠 시간을 포함시키지 않는다면 1점에 해당된다.

B-10. 보육실 환경이 안전하고 위험 요소가 없다.

점수	평정 기준
3	보육실 내에 날카로운 모서리나 거친 표면, 부딪칠 부분 등의 위험 요소가 없다.
2	보육실 내에 위험 요소가 약간 있다.
1	보육실 내에 위험 요소가 분명히 있다.

　이 문항은 영유아가 주로 활동하는 보육실 내에 위험 요소가 없도록 관리하고 있는지를 평가하기 위한 것이다. 보육실은 영유아가 장시간 활동하는 공간이므로 설비나 바닥에 위험 요소가 없어야 하며 위험 요소가 있는 물품은 영유아의 손이 닿지 않는 곳에 비치하여 관리하는 것이 중요하다. 이 문항을 평가하기 위해서는 활동이 진행되고 있는 시간과 정리 시간 이후를 모두 관찰하여 평가하도록 한다.

　보육실 환경의 안전한 관리에 대한 적절한 예로는 벽이나 정리장에 날카로운 모서리가 없거나 위험 방지 용품(예: 모서리 보호대)을 사용하고 있는 경우, 보육실 바닥이 거칠거나 벗겨진 부분이 없어서 영유아의 보행에 걸리는 부분이 없이 안전하고 바닥은 미끄럽지 않도록 건조하게 유지하고 있는 경우, 영유아의 동선에서 부딪칠 만한 부분이 없는 경우, 본드나 칼 등 활동에 필요하여 교사가 사용한 용품은 사용 후 영유아의 손이 닿지 않는 장소에 보관하고 있는 경우 등이며 이에 해당할 경우 3점으로 평정한다.

　한편 위험한 요소가 일부 있거나 일시적인 관리가 되지 않아서 위험할 수도 있는 경우에는 2점으로 평정한다. 보육실 내에 날카로운 부분이 있거나 바닥이 거칠거나 미끄러운 경우, 위험한 용품이 영유아의 손 닿는 곳에 방치되거나 뾰족한 핀 등이 바닥에 떨어져 있는 경우 등 안전 관리가 되어 있지 않아 위험 요소가 분명히 있을 경우에는 1점으로 평정한다.

B-11. 전기 콘센트에는 안전덮개가 있다.

점수	평정 기준
3	영유아의 손이 닿는 곳의 모든 전기 콘센트에는 안전덮개가 있다.
2	안전덮개가 없는 전기 콘센트가 1개 있다.
1	안전덮개가 없는 전기 콘센트가 2개 이상 있다.

　이 문항은 기관 전체를 기준으로 전기 콘센트에 대해 안전한 관리를 하고 있는지 평가하는 것이다. 영유아의 손이 닿는 곳에 위치한 전기 콘센트 중 사용하지 않는 콘센트는 안전 사고의 위험에 노출되어 있으므로 안전덮개를 반드시 덮어두어야 한다. 콘센트가 교구장 뒤에 있거나 영유아가 자주 가지 않는 장소라 하더라도 영유아의 손이 닿는 위치에 있고 사용하지 않아 구멍이 노출되어 있다면 안전덮개가 있어야 한다. 이를 관찰하기 위해서는 보육실을 포함하여 기관 전체를 모두 돌아보고 전깃줄이 연결되어 있는 부분은 밑 부분까지 상세히 관찰하도록 한다.

　전기 콘센트의 안전한 관리의 적절한 예로는 기관 전체에서 유아의 손이 닿는 곳에 있는 사용하지 않는 모든 콘센트에 안전덮개를 이용하여 관리하고 있으면 3점으로 평정한다. 대부분의 전기 콘센트가 안전하게 관리되고 있고 안전덮개가 한 곳에만 없는 경우는 2점으로 평정하며, 안전덮개가 두 곳 이상 없는 경우는 1점으로 평정한다.

3. 학습 환경

영유아는 구체적인 사물을 통해 학습이 이루어지므로 발달 수준에 맞는 환경 구성과 교재 · 교구의 구비가 필수적이다. 따라서 영아 보육실과 유아 보육실이 발달적으로 적합하게 영역을 구성하고 있는지, 각 영역의 설비와 교재 · 교구가 다양한지를 관찰하도록 한다. 학습 환경 영역은 영아반 8문항, 유아반 11문항, 총 19문항으로 구성되어 있으며 내용은 다음과 같다.

	학습 환경	관련 내용과 문항	
영아반	보육실의 구성	· 보육실의 활동 영역 구분	(문항 C-1)
	놀잇감의 구비 정도	· 감각과 조작을 위한 놀잇감	(문항 C-2)
		· 대근육 활동 기구	(문항 C-3)
		· 자아 인식 관련 놀잇감	(문항 C-4)
		· 음률 활동을 위한 놀잇감	(문항 C-5)
		· 언어 발달을 위한 놀잇감	(문항 C-6)
		· 미술 활동을 위한 자료	(문항 C-7)
		· 동일한 놀잇감을 여러 개 준비	(문항 C-8)
유아반	보육실의 구성	· 흥미 영역의 배치	(문항 C-9)
		· 휴식 및 사적 공간	(문항 C-10)
		· 유아의 작업 전시	(문항 C-11)
		· 교재 · 교구의 개방식 정리장	(문항 C-12)
	놀잇감과 교재의 구비 정도	· 쌓기놀이를 위한 자료	(문항 C-13)
		· 역할놀이를 위한 자료	(문항 C-14)
		· 수/과학놀이를 위한 자료	(문항 C-15)
		· 언어 활동을 위한 자료	(문항 C-16)
		· 음률 활동을 위한 자료	(문항 C-17)
		· 미술 활동을 위한 자료	(문항 C-18)
		· 신체 활동을 위한 교구	(문항 C-19)

각 문항의 평정 기준을 다음에 제시하고자 한다.

C-1. 보육실은 영아 발달에 적합한 놀이 활동 영역으로 구별되어 있다.

점수	평정 기준
3	놀이 활동 영역이 구별된다. (예: 신체 영역, 언어 영역, 탐색 영역, 기저귀갈기 영역)
2	놀이 활동 영역 간에 구별이 잘 안 된다.
1	놀이 활동 영역 간의 구별이 없다.

이 문항은 영아반 보육실이 영아 발달에 적합한 놀이활동 영역으로 구별되어 있는지를 평가하기 위한 것이다. 보육실은 집과 같이 편안하면서 놀이와 학습이 일어날 수 있도록 조직적이고 합리적으로 구성되어야 한다. 잘 조직된 환경은 영아의 개별 놀이나 소집단 놀이를 활성화시키며 영아에게 새로운 인지적·사회적·신체적 기술을 촉진시킨다. 보육실을 효율적으로 구성하려면 영아의 발달 특성과 활동 유형, 흥미에 따라 몇 개의 놀이 활동 영역으로 구분하는 것이 좋다. 놀이 활동 영역은 이 단계 영아의 주요 발달을 지원하는 활동이나 기능을 중심으로 구분하는 것이 바람직하다.

영아반 보육실의 놀이 활동 영역은 다음과 같이 구분될 수 있다. 영아의 대근육 활동을 위한 신체 영역, 영아의 듣고 말하기와 보고 말하기 등의 활동을 위한 언어 영역, 감각과 조작 활동을 위한 탐색 영역, 배변 훈련이 진행중인 영아를 위한 기저귀갈기 영역 등으로 구분할 수 있다. 그밖에도 영아의 연령이 3세에 가까운 경우 상상놀이와 미술 및 음률 활동을 위한 창의 영역이 추가될 수 있다. 이처럼 놀이 활동 영역의 수는 연령에 따라 더 분화될 수 있으며 만2세 이후에는 4개 이상의 놀이 활동 영역으로 구별될 수 있다.

관찰자는 영아반 보육실을 관찰할 때 영아 연령에 적절한 놀이 활동 영역이 구별되어 있는지, 해당 영역에 관련 자료들이 함께 정리되어 있는지를 확인하여 모든 조건을 만족한다면 3점에 평정한다. 그러나 영아 연령에 비해 놀이 활동 영역이 1, 2개만 구별되어 있거나 해당 영역에 관련 자료들이 섞여 있는 경우에는 2점, 모든 활동이 한 장소에서 일어나는 등 놀이 활동 영역의 구별이 없는 경우에는 1점에 평정한다.

C-2. 감각과 조작을 위한 다양한 놀잇감이 있다.

점수	평정 기준
3	감각과 조작을 위한 놀잇감이 5종류 이상 있다. (예: 감각놀이대/감각놀이판/밀가루 반죽/움직일 때 소리 나는 놀잇감/누르면 나오는 까꿍 놀잇감/나무망치 등의 두드리는 놀잇감/모양분류상자 등의 넣고 꺼내는 놀잇감/고리 끼우기, 큰 레고블록 등의 끼우고 빼는 놀잇감/조각이 큰 그림 맞추기)
2	감각과 조작 놀잇감이 3, 4종류 있다.
1	감각과 조작 놀잇감이 2종류 이하이다.

이 문항은 영아반 보육실 내에 감각과 조작을 촉진하는 놀잇감이 다양한지를 평가하기 위한 것이다. 영아는 감각을 사용하여 사물의 특성을 파악하고 사물에 대한 개념을 발달시키므로 영아가 보고, 듣고, 만지고, 냄새 맡고, 맛보는 등의 활동들을 통해 사물을 경험하는 것이 중요하다. 따라서 영아가 직접 탐색해볼 수 있는 놀잇감을 다양하게 제공하여 영아의 감각과 조작 경험을 지원할 필요가 있다.

영아의 감각과 조작 경험을 제공할 수 있는 적절한 놀잇감의 예는 다음과 같다. 먼저 영아의 감각을 자극할 수 있는 놀잇감에는 감각놀이대, 감각놀이판, 밀가루 반죽, 움직일 때 소리 나는 놀잇감 등이 있다. 조작과 관련된 놀잇감은 영아가 놀잇감을 직접 조작해봄으로써 인과 관계나 사물의 개념을 경험하고 소근육을 발달시키는 데 도움을 준다. 이러한 놀잇감의 예로는 누르면 나오는 까꿍 놀잇감, 나무망치 등의 두드리는 놀잇감, 모양분류상자 등과 같이 넣고 빼는 놀잇감, 고리 끼우기, 큰 레고블록 등의 끼우고 빼는 놀잇감, 조각이 큰 그림 맞추기 등이 해당된다. 이와 같은 놀잇감은 영아의 발달 수준에 따라 간단한 것에서 점차 복잡한 것으로 준비해주며 조각의 수가 적고 모양이 단순하며 삼킬 수 없는 크기여야 한다. 또한 헝겊처럼 부드럽거나 나무같이 딱딱한 표면 등의 다양한 촉감을 제공하도록 한다.

이 문항에 대한 평가는 보육실의 교구장을 살펴보면서 위에 제시한 예의 놀잇감이 5종류 이상 마련되어 있다면 3점에 평정한다. 만일 위에 제시한 예에는 포함되지 않으나 기능이 동일하면 같은 종류로 인정한다. 위의 예 중에서 3, 4종류만 갖추고 있는 경우에는 2점, 2종류나 그 이하일 경우에는 1점에 평정한다.

C-3. 보육실 내에 대근육 활동 기구가 다양하게 있다.

점수	평정 기준
3	대근육 활동 기구가 4종류 이상 있다. (예: 다양한 크기의 공/페달 없이 발로 움직이는 타는 기구(붕붕차)/끌차, 유모차/흔들말/오름틀과 미끄럼틀, 낮은 계단/매트)
2	대근육 활동 기구가 2, 3종류 있다.
1	대근육 활동 기구가 1종류뿐이거나 없다.

이 문항은 영아반 보육실 내에 신체 발달을 돕기 위한 다양한 대근육 활동 기구가 있는 지를 평가하기 위한 것이다. 영아기는 신체 발달이 급속하게 일어나는 시기로 새로운 운동 기술을 연습하고 움직임을 통해 환경을 적극적으로 탐색해보는 시기이다. 신체 발달에는 개인차가 있으나 진행되는 순서는 일정하며, 영아기에는 기기, 걷기, 오르기, 앉기, 뛰기 등의 운동 능력과 손 뻗기, 움켜쥐기, 잡기, 옷 벗기 등의 협응 능력이 발달한다. 따라서 이 시기에 신체 발달이 활발히 이루어질 수 있도록 발달에 적합하고 안전한 놀이 기구를 제공하여야 한다.

대근육 활동 기구는 고정 놀이 기구, 밀고 당기는 놀이 기구, 타는 놀이 기구, 이동형 운동 놀이 기구 등으로 분류될 수 있다. 고정 놀이 기구는 걷고, 기어오르고, 미끄러져 내리는 등 신체 움직임을 지원할 수 있는 것으로 오름틀과 미끄럼틀, 낮은 계단, 매트 등이 해당된다. 또한 영아는 걷기 시작하면서 바퀴가 달려 있거나 끈이 연결된 놀잇감을 이리저리 끌고 다니는 것을 좋아한다. 이러한 놀이 기구로는 인형 유모차, 끌차, 끈이 연결된 바퀴 달린 동물 등이 해당된다. 타는 놀이 기구로는 흔들말, 페달 없이 발로 움직여 타는 기구(예: 붕붕차)가 해당되며, 이동형 운동 놀이 기구에는 여러 가지 공이 해당된다.

관찰자는 보육실을 둘러보면서 위에 제시한 4가지 범주의 놀이 기구의 예 중에서 4종류 이상이 구비되어 있다면 3점에 평정한다. 한편 보육실 내에 이러한 기구들이 있지는 않으나, 보육실에 근접한 별도의 방이나 공간에 영아용 대근육 활동 기구들이 4종류 이상 마련되어 있다면 마찬가지로 3점에 해당된다. 그러나 위의 놀이 기구 중 2, 3종류만 갖추고 있는 경우에는 2점, 1종류뿐이거나 전혀 없는 경우에는 1점에 평정한다.

C-4. 영아의 긍정적인 자아 인식 능력의 발달을 돕는 놀잇감이 있다.

점수	평정 기준
3	영아가 자기 모습을 볼 수 있는 전신 거울과 다양한 옷 종류, 신발과 가방 등의 소품, 인형 등의 놀잇감이 있다.
2	전신거울은 있으나 옷 종류와 소품, 인형 등의 놀잇감이 다양하지 못하다.
1	전신거울이 없거나 관련 놀잇감이 2가지 이하이다.

이 문항은 영아의 긍정적인 자아 인식 능력의 발달을 돕는 놀잇감이 제공되는지를 평가하기 위한 것이다. 영아기는 자아 개념을 형성하는 초기 단계로 이는 자아 인식에서 비롯된다. 다양한 환경과의 상호작용을 통해 획득되는 자아 인식은 이후 자신감을 가지고 대인 관계를 맺는 능력뿐만 아니라, 자신의 능력을 적극적으로 발휘하는 데 중요한 역할을 한다. 따라서 영아가 긍정적인 자아 개념을 가진 인격체로 성장하도록 성인의 적절한 상호작용과 환경적인 배려가 중요하다.

영아는 거울이나 사진 등을 통해 자신의 상을 보고 자신을 한 사람의 개체로서 인식하게 된다. 이러한 자기 인식의 과정은 영아의 인지 발달과 더불어 다른 사람과의 관계, 영아가 거울에 자신을 비추며 놀았던 경험이 영향을 줄 수 있다. 따라서 영아의 자기 인식 능력의 발달을 지원할 수 있도록 영아반 보육실 내에 자신을 비추어볼 수 있는 거울을 비치하는 것이 바람직하다. 전신거울 의에 영아의 자아 인식을 돕는 놀잇감의 예는 자신의 모습을 다양하게 꾸며볼 수 있는 소품류, 즉 영아의 신체 크기에 맞는 다양한 옷, 신발, 가방, 모자 그리고 인형 등이 있다.

관찰자는 영아반 보육실에 전신거울이 비치되어 있는지를 확인하고 위에 제시된 다양한 놀잇감이 있다면 3점에 평정한다. 전신거울은 있지만 놀잇감이 몇 종류에만 편중되어 있거나, 다양하지 못한 경우에는 2점에 평정한다. 보육실에 전신거울이 없다면 1점에 평정하며, 전신거울이 있더라도 자아 인식을 돕는 놀잇감이 2가지 이하일 경우에는 1점에 평정한다.

C-5. 음률 활동을 위한 다양한 놀잇감이 있다.

점수	평정 기준
3	음률 활동을 위한 놀잇감이 4종류 이상 있다. (예: 종, 방울, 마라카스, 작은북 등의 리듬악기/실로폰/카세트 레코더, 테이프/리본막대)
2	음률 활동을 위한 놀잇감이 2, 3종류 있다.
1	음률 활동을 위한 놀잇감이 1종류뿐이거나 없다.

이 문항은 영아반 보육실 내에 음률 활동을 위한 놀잇감이 다양하게 있는지를 평가하기 위한 것이다. 음률활동은 소리에 대한 탐색, 리듬감과 창의적인 표현의 발달 측면에서 중요하다. 그러므로 영아가 이러한 활동을 통해 즐거움을 느끼고 자유롭게 표현할 수 있도록 다양한 놀잇감을 제공해주어야 한다.

영아의 음률 활동을 위한 놀잇감의 예는 다음과 같다. 우선 영아가 단순히 손으로 흔들거나 두드려볼 수 있는 리듬악기로써 종, 방울, 마라카스, 작은북 등이 해당된다. 손가락 사용과 소근육 협응이 향상되는 2세경이 되면 영아는 실로폰을 사용할 수도 있다. 또한 1, 2가지 멜로디를 기억하고 노래를 부를 수 있고 친숙한 노래를 반복하여 듣기를 좋아하므로 카세트 레코더나 테이프를 비치하면 자연스럽게 음률 활동이 일어날 수 있다. 이외에 리본막대나 스카프 등을 준비해주어 영아들이 자유롭게 자기 표현을 할 기회를 제공할 수도 있다.

이 문항에 대한 평가는 위에 열거한 놀잇감의 내용 중 4종류 이상이 있다면 3점에 평정한다. 그러나 놀잇감이 2, 3종류인 경우에는 2점, 1종류뿐이거나 음률 활동을 위한 놀잇감이 전혀 없을 때는 1점에 평정한다.

C-6. 언어 발달을 위한 다양한 놀잇감이 있다.

점수	평정 기준
3	언어 발달을 위한 놀잇감이 4종류 이상 있다. (예: 다양한 종류의 그림책/여러 가지 사진/손인형, 막대인형/카세트 레코더, 듣기 테이프)
2	언어 발달을 위한 놀잇감이 2, 3종류 있다.
1	언어 발달을 위한 놀잇감이 1종류뿐이거나 없다.

　이 문항은 영아반 보육실 내에 언어 발달을 위한 놀잇감이 다양하게 준비되어 있는지를 평가하기 위한 것이다. 영아기는 언어 발달이 급속하게 이루어지므로 언어와 관련된 다양한 자극이 요구된다. 특히 영아기 언어 발달은 주변의 언어 환경에 큰 영향을 받으므로 영아의 언어 발달을 지원할 수 있는 놀잇감을 다양하게 제공할 필요가 있다.

　영아의 언어 발달을 돕는 놀잇감의 예는 다음과 같다. 이 시기의 영아는 생애 처음으로 책을 접하므로 그림이 아름답고 선명하며 영아가 입으로 물거나 던져도 좋은 견고하고 안전한 책이 바람직하다. 내용 면에서는 영아가 실제 생활에서 경험하는 내용을 다룬 책, 다양한 방법으로 언어적 경험을 할 수 있는 책, 동물이 주인공으로 나오는 책 등이 적합하다. 이 시기의 영아는 책을 읽는다기보다 책이 가진 속성(예: 책 속의 그림)을 경험하는 것도 중요하므로 다양한 재질로 된 책(예: 딱딱한 종이책, 헝겊책, 비닐책)을 제공하여 책에 대한 관심을 유도할 수도 있다. 또한 영아 자신이나 가족 혹은 친구들의 사진을 전시하거나, 손인형이나 막대인형 등의 자료들을 다양하게 비치해둠으로써 자연스럽게 영아의 말하기를 격려할 수도 있다. 그밖에도 카세트 레코더와 듣기 테이프를 통해 듣기를 경험하게 할 수도 있다.

　이 문항에 대한 관찰은 보육실을 돌아보면서 위에 제시한 예에 해당하는 놀잇감이 4종류 이상 제공되어 있다면 3점에 평정한다. 그러나 위의 예 중 2, 3종류만 갖추고 있는 경우에는 2점, 언어 발달을 위한 놀잇감이 책에만 제한되어 있거나 전혀 없는 경우라면 1점에 평정한다.

C-7. 미술 활동을 위한 다양한 자료가 있다.

점수	평정 기준
3	미술 활동을 위한 자료가 5종류 이상 있다. (예: 여러 종류의 종이/크레파스, 색연필/안전가위/풀/테이프)
2	미술 활동을 위한 자료가 3, 4종류 있다.
1	미술 활동을 위한 자료가 2종류 이하이다.

이 문항은 영아반 보육실 내에 미술 활동을 위한 다양한 자료가 준비되어 있는지를 평가하기 위한 것이다. 영아기는 소근육 발달과 더불어 손과 손가락 조절이 원활해지고 눈과 손의 협응 능력이 빠르게 성장하는 시기로 초보적인 미술 활동은 이러한 발달을 지원할 수 있다. 또한 영아가 가진 개념과 생각을 다양하고 자유롭게 표현할 수 있도록 도와줌으로써 창의성을 발달시킬 수 있다. 따라서 교사가 준비해주는 자료 외에도 영아 스스로가 선택할 수 있는 기본 자료들을 다양하게 제공해주어야 한다.

미술 활동을 위한 놀잇감의 예로는 다양한 재질이나 여러 가지 모양으로 자른 종이류, 손에 묻지 않는 무독성 크레용이나 색연필, 가위 끝과 날이 위험하지 않은 안전가위, 딱풀이나 물풀 등과 같은 풀 종류, 다양한 색상과 굵기의 테이프와 테이프 커터기 등을 들 수 있다.

이 문항에 대한 평가는 앞서 예로 제시한 자료 5가지 종류 모두를 갖추고 있다면 3점을 준다. 그러나 제시한 예 중 3, 4종류만 있다면 2점, 2종류 이하거나 종류가 많다 하더라도 성인이 제공할 때만 쓸 수 있는 경우에는 1점에 해당된다.

C-8. 영아들이 좋아하는 놀잇감은 동일한 것으로 여러 개 준비한다.

점수	평정 기준
3	영아들이 좋아하는 놀잇감은 똑같은 것으로 여러 개 있다.
2	같은 놀잇감이 여러 개 있기는 하나, 색깔이나 크기가 달라서 동일하지 못하다.
1	같은 놀잇감이 1, 2개만 있다.

이 문항은 보육실 내에 영아들이 좋아하는 놀잇감을 동일한 것으로 여러 개 준비하고 있는지를 평가하기 위한 것이다. 영아는 자기 중심적인 특성으로 인해 또래와 나누어 쓰거나 빌려주는 행동을 하기가 매우 어려우며, 욕구 지연이 어려워서 놀잇감을 오래 기다리는 것도 불가능하다. 또한 영아는 또래가 가진 놀잇감과 모양이나 색깔이 동일한 것을 원하는 특성이 있다. 이러한 특성으로 인해 보육실 내에 영아들이 좋아하는 놀잇감을 두고 영아들 간에 갈등이나 다툼이 빈번히 발생할 수 있다. 따라서 영아들이 좌절감을 덜 느끼고 놀이 활동을 진행하려면 영아들이 좋아하는 놀잇감은 동일한 것으로 여러 개 준비해주는 것이 바람직하다.

영아들이 좋아할 만한 놀잇감의 예는 자동차, 전화기, 실로폰, 마라카스, 공, 유모차, 탈것 등이다. 이러한 놀잇감은 전체 영아 수를 고려하여 충분히 준비하고 똑같은 모양과 색상의 놀잇감을 여러 개 준비함으로써 영아들 간의 다툼이나 기다림을 사전에 방지하도록 배려한다.

관찰자는 보육실 전체를 돌아보며 영아들이 좋아하는 놀잇감이 충분히 준비되어 있는지를 확인한다. 여러 놀이 활동 영역을 통해 영아들이 좋아하는 놀잇감이 똑같은 것으로 여러 개 비치되어 있으면 3점에 평정한다. 그러나 같은 놀잇감이 여러 개 있지만 색상이나 크기가 달라 영아들 간의 분쟁이나 다툼을 일으킬 요소를 가지고 있다면 2점, 같은 놀잇감이 1, 2개만 비치되어 있다면 1점에 평정한다.

C-9. 흥미 영역은 활동성과 물의 사용을 고려하여 배치하고 있다.

점수	평정 기준
3	흥미 영역은 활동성 정도와 소음, 물 사용을 고려하여 배치하고 있다. (예: 언어 영역과 음률 영역이 떨어져 있다./조형 영역은 수도 시설과 인접하 도록 배치한다.)
2	활동성과 물의 사용을 고려하여 배치하고 있으나, 한두 영역의 조정이 필요 하다.
1	활동성과 물의 사용을 고려하지 않고 흥미 영역이 배치되어 있다.

유아반의 학습 환경은 유아들이 활동할 수 있는 여러 개의 작고 분명하게 구분된 흥미 영역으로 구성되는데, 이 문항은 유아반의 흥미 영역이 적절하게 배치되었는지를 평가하기 위한 것이다. 특히 활동성과 물의 사용을 고려하여 배치하고 있는지에 초점을 두고 살펴본다.

유아를 위한 흥미 영역은 조형 · 언어 · 역할 · 쌓기 · 음률 · 수/과학 · 조작 영역 등으로 나뉘는데, 이 영역들을 보육실에 배치할 때에는 먼저 활동성을 고려하여야 한다. 즉 정적인 흥미 영역(언어 · 수/과학 · 조작 영역)과 동적인 흥미 영역(역할 · 쌓기 · 음률 영역)을 분리하여 배치한다. 그래야 서로간에 소음으로 방해받지 않고 조용한 활동에도 쉽게 집중할 수 있다. 또한 물의 사용이 많은 조형 영역은 수도 시설과 인접한 곳에 배치하는 것이 좋다. 보육실 내에 수도 시설이 없다면 출입문 가까운 곳에 배치하여 물의 사용을 용이하게 한다.

관찰자는 먼저 보육실 전체의 흥미 영역 배치 상태를 관찰한 후 이 문항을 평정한다. 흥미 영역이 활동성 정도와 소음과 물의 사용을 고려하여 적절하게 배치되어 있으면 3점에, 활동성과 물의 사용을 고려한 배치이긴 하나 한두 영역에서 조정이 필요하면 2점에 평정한다. 활동성과 물의 사용을 고려하지 않고 흥미 영역을 배치하였다면 1점에 평정한다.

C-10. 실내에 유아가 혼자 활동하거나 휴식을 취할 공간이 있다.

점수	평정 기준
3	유아 혼자 활동하거나 휴식을 취할 공간이 있고 부분 카펫이나 깔개, 쿠션 등이 구비되어 있다.
2	유아 혼자 활동하거나 휴식을 취할 공간은 있지만 부분 카펫, 쿠션 등은 마련되어 있지 않다.
1	유아 혼자 활동하거나 휴식을 취할 공간이 없다.

어린이집은 하루종일 집단으로 생활하는 곳이므로 혼자서 유아가 조용히 활동하거나 휴식을 취하는 등의 개별적인 욕구가 충족되지 못할 수 있다. 따라서 유아가 혼자서 조용히 활동에 몰두하고 싶을 때나 휴식하고 싶을 때 편하게 기댈 수 있는 장소가 실내에 반드시 있어야 한다. 이 공간은 커다란 방석이나 등받이, 쿠션, 카펫, 흔들의자, 소파 등을 이용하여 안락하고 편안한 느낌을 줄 수 있도록 만들어야 한다.

이러한 장소의 이상적인 예는 보육실에 혼자 활동하거나 휴식할 수 있는 공간이 별도로 마련되어 있고, 유아용 소파나 등받이가 있는 커다란 방석을 이용하여 유아가 편안히 기대거나 누울 수 있도록 구성한 경우이다. 공간의 제약으로 인해 별도의 휴식 공간을 마련하기 어렵다면 언어 영역이나 역할 영역의 일부를 이용할 수 있다. 언어 영역의 책꽂이나 책상과 별도로 커다란 방석을 따로 마련하거나, 놀이집의 옆부분이나 놀이집의 2층 또는 계단 아래 등을 휴식 공간으로 꾸며서 사용할 수 있다.

관찰자는 보육실 내를 돌아볼 때 휴식 공간의 기능을 하는 곳이 있는지 관찰한다. 만약 언어 영역에 부분 카펫이나 쿠션이 있더라도 언어 활동을 하는 유아와 구별되어 쉴 수 있다면 휴식 공간의 기능을 하는 것으로 볼 수 있다. 그러나 단순히 언어 활동만을 위해 구비된 것이라면 휴식 공간이라고 보기 어렵다.

유아 혼자 활동하거나 휴식을 취할 공간이 있고 부분 카펫이나 깔개, 쿠션을 이용하여 안락한 느낌을 주고 있으면 3점에 평정한다. 공간은 마련되어 있으나 부분 카펫이나 깔개, 쿠션이 마련되어 있지 않고 안락한 느낌을 주지 못한다면 2점에 평정한다. 유아 혼자 활동하거나 휴식을 취할 공간이 관찰되지 않는다면 1점에 평정한다.

C-11. 유아가 작업한 결과물이 유아의 눈높이에 맞게 전시되어 있다.

점수	평정 기준
3	유아가 작업한 결과물이 눈높이에 맞게 전시되어 있다.
2	유아의 눈높이에 맞추어 전시되어 있지 않은 결과물이 1, 2가지 있다.
1	유아가 작업한 결과물이 전시되어 있지 않거나, 대부분 성인의 눈높이에 맞게 전시되어 있다.

유아반에서는 대부분 유아가 작업한 결과물을 전시하게 된다. 유아가 작업한 결과물을 전시하는 것은 유아의 긍정적인 자아 개념을 키워줄 수 있고, 다른 유아의 작품을 감상할 수 있는 기회도 제공한다. 또한 전시된 작품을 통해 학급 전체의 교육 주제를 알 수도 있고, 환경 구성에도 도움이 된다. 이와 같이 유아가 작업한 결과물을 전시할 때에는 교구장 바로 윗부분이나 게시판 등 유아의 눈높이에 맞게 전시하여야 한다. 일반적으로 보육실 내에 게시판을 걸어두는 곳이 많은데, 이 게시판은 반드시 유아의 눈높이에 맞게 걸어둔다. 만약 유아의 눈높이에 맞는 벽면을 활용하기 어려울 때에는 줄을 이용하여 작품을 걸어주거나 모빌처럼 늘어뜨려 유아의 눈높이에 맞게 전시할 수도 있다.

관찰자는 보육실을 관찰할 때 유아가 작업한 결과물이 전시되어 있는지 확인하고, 눈높이에 맞게 전시되어 있는지를 평정한다. 유아가 작업한 결과물이 유아의 눈높이에 맞게 전시되어 있으면 3점에, 눈높이에 맞추어 전시되어 있지 않은 전시물이 1, 2가지 있으면 2점에 평정한다. 유아가 작업한 결과물이 전시되어 있지 않거나 벽면의 높은 곳 등 성인의 눈높이에 맞게 전시되어 있다면 1점에 평정한다.

C-12. 보육실의 교재 · 교구는 개방식 장에 넣어 유아가 쉽게 사용할 수 있다.

점수	평정 기준
3	대부분의 교재 · 교구는 개방식 장에 넣고, 구분 표시가 되어 있다. (예: 놀잇감의 그림 쿠착)
2	교재 · 교구의 일부만 개방식 장에 넣고, 구분 표시가 되어 있다.
1	대부분의 교재 · 교구는 폐쇄식 장에 보관되어 있고, 교사가 꺼내준다.

　이 문항은 보육실 내의 교재 · 교구가 잘 정리되어 있고 유아들이 쉽게 접근할 수 있는지를 평가하기 위해 만들어졌다. 교재 · 교구는 영역별로 구분하여 정리되어 있고, 각각의 자리를 알 수 있도록 밑그림 등을 이용해 표시해둔다. 주제에 맞지 않거나 당일의 활동과 관련이 없고 유아들이 충분히 놀이한 교재 · 교구가 있다면 보육실 밖이나 유아가 접근하기 어려운 장에 보관하는 것이 좋다. 그러나 보육실 내에서 사용하는 교재 · 교구는 개방식 장에 정리하여 두고 유아들이 쉽게 꺼내어 사용할 수 있도록 한다.

　관찰자는 먼저 보육실 내의 자료장이 개방식인지를 관찰하고, 학습 자료의 정리 상태에서 밑그림 등의 구분 표시 여부를 확인한 후 평정한다. 대부분의 교재 · 교구가 개방식 장에 들어있고 구분표시가 되어 있다면 3점에 평정한다. 교재 · 교구의 일부만 개방식 장에 들어있고, 또 일부만 구분 표시가 되어 있다면 2점에 평정한다. 대부분의 교재 · 교구가 폐쇄식 장에 보관되어 있고, 유아들이 사용할 때에만 교사가 꺼내준다면 1점에 평정한다.

C-13. 쌓기놀이를 위한 다양한 자료가 구비되어 있다.

점수	평정 기준
3	쌓기놀이를 위한 놀잇감이 3종류 이상 있다. (예: 종이블록/유니트블록/속 빈 블록/우레탄블록/와플블록)
2	쌓기놀잇감이 2종류 있다.
1	쌓기놀잇감이 1종류뿐이거나 없다.

이 문항은 쌓기놀잇감의 종류가 다양하게 갖추어져 있는지를 평가하기 위한 것이다. 다양한 종류의 쌓기놀잇감은 유아들이 놀잇감을 상호 연결하여 다양한 놀이를 구성하는 데 도움을 주며, 구성놀이의 복잡성과 놀이 수준에 영향을 미친다. 놀잇감의 종류를 관찰하기 위해서는 놀이가 진행되고 있는 보육실을 관찰하거나 정리 시간이 끝난 후 보육실이 비어 있는 시간을 이용하여 관찰하도록 한다.

쌓기놀이 영역은 유아의 왕래가 빈번하지 않은 장소에 위치하며 바닥에는 소음 방지용 매트나 카펫이 깔려 있는 것이 바람직하다. 쌓기놀잇감 중에 종이블록은 두꺼운 종이를 사용하여 만든 블록으로 가볍고 크기 때문에 유아가 손쉽게 구조물 구성에 활용할 수 있다. 유니트블록은 단단하며 무겁지 않은 나무를 이용하여 다양한 모양으로 복잡한 구성이 가능하고, 속 빈 블록은 크기가 크고 단단한 구조물 구성에 도움이 된다. 우레탄블록은 푹신한 질감이므로 쌓고 무너뜨리기에 소음이 적고 안전하며, 와플블록은 블록을 끼워서 연결할 수 있는 특성이 있다. 이상에서 열거한 쌓기놀이 자료 이외에 다른 종류의 쌓기 블록이 첨가되거나 소품들이 추가되어 활용될 수 있다.

보육실에서 종이블록, 유니트블록, 속 빈 블록, 우레탄블록, 와플블록 등 쌓기놀이 자료 중 3종류 이상이 관찰되면 3점으로 평정한다. 또한 쌓기를 위한 놀이 자료의 2종류가 관찰되면 2점으로 평정하며, 쌓기를 위한 놀이 자료가 1종류뿐이거나 관찰되지 않으면 1점으로 평정한다.

C-14. 역할놀이를 위한 다양한 자료가 구비되어 있다.

점수	평정 기준
3	역할놀이 자료가 5종류 이상 있다. (예: 옷/구두/장신구/그릇/음식 모형/전화)
2	역할놀이 자료가 3, 4종류 있다.
1	역할놀이 자료가 2종류 이하이다.

이 문항은 역할놀이에 필요한 자료가 다양한지를 평가하기 위한 것이다. 역할놀이 자료는 유아가 일상적인 생활 경험에서부터 상상한 내용까지 다양한 내용을 놀이로 표현하는 데 도움을 준다. 그러므로 직접 제작한 놀잇감, 가정이나 주변에서 사용하고 난 폐품, 상품화된 놀잇감 등을 다양하게 구비하여 역할놀이를 지원할 필요가 있다. 놀이 주제에 따라 자료가 더 첨가될 수도 있으나 유아가 자발적으로 놀이 할 수 있도록 하기 위해서는 다양한 종류의 기본적인 역할놀이 자료가 구비되는 것이 바람직하다.

역할놀이를 위한 자료의 예는 다음과 같다. 옷 종류에는 의사 가운이나 요리사 모자 등 직업을 나타내는 의상, 양복, 앞치마, 드레스, 여러 나라 민속 의상 등이 있으며 구두류에는 아버지나 어머니의 구두와 슬리퍼, 장화 등이 있다. 장신구 종류에는 귀걸이, 목걸이, 안경, 가방, 핸드백, 선글라스, 화장품류 등이 있다. 또 그릇류에는 음식을 담을 수 있는 접시와 컵 수저와 도마, 프라이팬, 주전자 등이 있다. 음식 모형에는 직접 바느질을 하여 제작하였거나 상품화된 것이 있으며 전화류에는 유선 또는 무선전화기, 휴대폰, 무전기 등이 있다. 이와 같은 자료를 모두 교구장에 정리하여 제시하기보다 종류별로 구비하되 일정한 기간을 두고 교체하는 것이 바람직하다.

역할놀이 자료가 옷, 구두, 장신구, 그릇, 음식 모형, 전화 등에서 5종류 이상 관찰되면 3점으로 평정한다. 역할놀이 자료가 3, 4종류가 관찰되면 2점으로 평정하며, 자료가 2종류 이하로 관찰되면 1점으로 평정한다.

C-15. 수/과학놀이를 위한 다양한 자료가 구비되어 있다.

점수	평정 기준
3	수/과학놀이를 위한 자료가 5종류 이상 있다. (예: 수세기 자료, 수 퍼즐, 게임 카드, 보드 게임/자석, 돋보기, 동 · 식물)
2	수/과학놀이를 위한 자료가 3, 4종류 있다.
1	수/과학놀이를 위한 자료가 2종류 이하이다.

　　이 문항은 수/과학 놀이를 위한 자료가 다양하게 준비되어 있는지를 평가하기 위한 것이다. 수놀이를 통해 수 개념, 일 대 일 대응, 분류 개념, 조작과 측정 능력 등을 기를 수 있도록 다양한 실물 자료를 제공하는 것이 중요하다. 또한 과학놀이와 관련해서는 관찰과 탐구력을 증진시키고 실험을 통해 다양한 현상에 대한 이해에 도움이 될 수 있는 자료를 제공해야 한다.

　　수/과학놀이 자료의 예는 다음과 같다. 수놀이와 관련된 자료는 종이나 평면으로 된 자료를 이용하기보다 유아가 직접 만질 수 있는 실물 자료를 제공하도록 한다. 수세기를 위한 자료의 예에는 단추 · 구슬 · 막대를 이용한 자료 등이 있고, 나무나 종이 재질로 된 수를 포함한 퍼즐류가 있다. 카드를 이용한 게임 자료, 주사위와 판 등을 이용한 다양한 보드 게임류도 포함된다. 과학놀이와 관련된 자료의 예로는 자석, 돋보기, 실험 도구 등이 있으며 이 자료를 통해 유아는 직접 조작하고 관찰하며 실험하여 변화 과정을 유추할 수 있게 된다. 어린이집에서 생활하는 유아를 위해 보육실에 식물을 재배하고 동물을 돌볼 수 있도록 마련하는 것도 도움이 된다. 여기에 열거한 내용 이외에도 수/과학 놀이에 사용되는 자료가 있을 수 있으며, 이런 경우에 자료의 기능을 판단하여 평가하도록 한다.

　　이와 같이 수놀이와 과학놀이를 위한 자료가 모두 있고 5종류 이상이 관찰되면 3점으로 평정한다. 수 · 과학 자료가 모두 있고 자료가 3, 4종류 있는 것으로 관찰되면 2점으로 평정한다. 한편 수 · 과학 자료가 2종류 이하로 있거나 수 또는 과학 중 한 영역의 자료만 있는 경우 1점으로 평정한다.

C-16. 언어 활동을 위한 다양한 자료가 구비되어 있다.

점수	평정 기준
3	언어 활동 자료가 듣기, 말하기, 쓰기, 읽기의 네 영역별로 다양하게 있다. (예: 카세트 테이프/손인형, 막대동화/종이, 굵은 색연필/그림책, 화보)
2	세 영역에 관련된 언어 활동 자료가 있다.
1	언어 활동 자료가 한두 영역에 편중되어 있다(예: 책/쓰기 자료).

이 문항은 언어 활동을 위한 네 영역, 즉 듣기·말하기·쓰기·읽기 영역에 고르게 다양한 자료가 구비되어 있는지를 평가하기 위한 것이다. 언어 발달은 듣기, 말하기, 쓰기, 읽기가 상호 연관되어 발달하게 되므로 이와 관련된 자료를 한 두 영역에 편중되지 않도록 다양하게 제공하여 전반적인 언어 발달을 지원하는 것이 중요하다.

언어 활동을 위한 자료들은 조용하고 밝은 곳에 위치하며 편안하게 앉을 수 있는 의자나 매트, 방석 등과 함께 배치하는 것이 바람직하다. 듣기 활동을 위한 자료의 예에는 카세트 레코더, 이야기 테이프, 효과음 테이프, 헤드폰과 연결 코드 등이 있다. 말하기 활동을 위한 자료에는 손인형, 막대인형, 테이블 인형, 융판인형, 자석인형 등이 있으며 수수께끼 상자나 실생활과 관련된 낱말 카드(예: 과자 봉지에 프린트된 글자 모음) 등이 있을 수 있다. 쓰기 활동을 위한 자료의 예에는 굵은 색연필과 사인펜, 연필 등과 다양한 모양과 크기의 종이, 프린트물 등이 있을 수 있다. 읽기 활동을 위한 자료로는 동화책과 화보류, 사진첩, 유아들이 만든 그림책, 작품 등이 포함될 수 있다.

언어 활동을 위한 자료 중 듣기·말하기·쓰기·읽기 영역의 자료가 모두 관찰되면 3점으로 평정하고, 세 영역의 자료가 관찰되면 2점으로 평정한다. 반면 언어 활동 영역에 동화책만 구비되어 있거나 프린트물을 이용한 쓰기 자료만 있는 등 자료가 한두 영역에 편중되어 있으면 1점으로 평정한다.

C-17. 음률 활동을 위한 다양한 자료가 구비되어 있다.

점수	평정 기준
3	음률 활동을 위한 자료가 4종류 이상 있다. (예: 리듬 악기/가락 악기/리본 테이프, 스카프/음악 테이프)
2	음률 활동 자료가 2, 3종류 있다.
1	음률 활동 자료가 1종류 있다.

이 문항은 음률 활동을 위한 자료가 다양한지를 평가하기 위한 것이다. 유아가 음률 활동을 할 때 활동 자료를 다양하게 이용하는 것은 유아의 자기 표현과 창의적 표현을 촉진한다는 점에서 중요하다. 그러므로 음의 고저와 장단, 음색과 음률, 동작과 노래, 신체 표현을 할 수 있는 다양한 자료를 제공하는 것이 좋다. 이때 상품화된 자료를 사용할 수 있으나 직접 제작한 자료나 폐품을 이용할 수도 있다.

음률 활동을 위한 자료는 유아가 활동하기에 여유로운 공간 그리고 조용한 영역과는 분리된 공간에 배치하는 것이 바람직하다. 음악 활동을 위한 자료에서 리듬 악기는 음정 없이 박자 감각을 익히는 데 사용된다. 예로는 큰북, 작은북, 심벌즈, 트라이앵글, 캐스터네츠, 탬버린, 리듬막대 등이 있다. 가락악기의 예에는 피아노, 전자 피아노, 실로폰 등이 있다. 동작과 관련된 율동자료의 예에는 리본 테이프와 스카프가 있고, 다양한 장르의 음악용 테이프, 카세트 레코더 등도 음률 활동 자료에 포함될 수 있다. 이상의 예 외에도 음악과 관련된 도서류, 포스터, 노래말과 그림 악보, 또는 유아와 함께 제작한 페트병 마라카스, 깡통북, 한삼이나 꽃술 등의 자료가 첨가될 수 있다. 이런 경우에는 자료의 기능을 판단하여 평가하도록 한다.

음악과 율동을 위한 자료가 갖추어져 있고, 리듬악기, 가락악기, 리본 테이프, 음악 테이프 등 4종류에서 각각 1개 이상의 자료가 관찰되면 3점으로 평정한다. 음악과 율동을 위한 자료가 갖추어져 있으나 2, 3종류의 자료가 관찰되면 2점으로 평정한다. 자료의 종류가 음악이나 율동 한 영역에 제한되거나 1종류뿐이면 1점으로 평정한다.

C-18. 미술 활동을 위한 다양한 자료가 구비되어 있다.

점수	평정 기준
3	미술 활동을 위한 자료가 5종류 이상이고 수가 충분하다. (예: 종이류, 크레파스/가위, 풀/물감/수수깡, 빨대 등 소품류/폐품류)
2	미술 활동 자료가 3, 4종류이고 수가 충분하지 않다.
1	기본적인 자료로 2종류 이하이다.

이 문항은 미술 활동 자료의 다양성과 수량이 충분한지를 평가하기 위한 것이다. 미술 활동 자료의 종류가 다양한지, 수량이 충분하게 제공되었는지에 따라 유아가 자신의 감정이나 사고를 적절히 표현하는 데 도움을 줄 수도 있고 제한을 하기도 한다. 그러므로 교사는 자신이 준비한 활동 이외의 미술 활동도 자유롭게 이루어질 수 있도록 기본 자료를 제공하는 것이 필요하다. 또한 자료가 충분하지 않은 경우에는 불필요한 갈등을 야기할 수 있으며 차례를 기다리다 지쳐 활동에 대한 흥미를 잃을 수도 있다는 점을 유의하도록 한다.

미술 활동을 위한 자료의 종류는 미술과 직접 관련된 그리기나 만들기 자료와 함께 각종 폐품류, 소품류 등도 구비하는 것이 바람직하다. 미술 활동을 위한 자료 중 종이류는 모양과 재질, 색깔이 다양한 도화지, 색종이, 화선지, 잡지, 신문지 등이 있다. 또 그리기 도구에는 크레파스, 색연필, 사인펜, 칼라펜, 유성펜 등이 있다. 가위는 가위날이 위험하지 않은 안전가위를 사용하고 풀에는 딱풀이나 물풀류가 있다. 물감은 상시로 사용하지 않더라도 교구장 가까이에 보관하고 있어서 필요한 경우에 언제나 사용할 수 있도록 한다. 소품류의 예에는 수수깡이나 빨대 자른 것, 빵끈, 구슬이나 색실 등이 있고, 폐품의 예에는 요구르트병, 우유팩, 휴지 속심, 병뚜껑, 사용하고 남은 필기류 뚜껑과 각종 병뚜껑 등이 있다. 자료의 양에 대해서는 전체 유아가 사용하기에 부족하지 않은지를 판단하여 평가하도록 한다. 예를 들어, 가위와 풀의 수량은 전체 유아의 1/3정도가 사용할 수 있으면 적절하다고 본다.

미술 활동을 위한 자료가 종이류와 크레파스, 가위와 풀, 물감, 소품류, 폐품류 등을 포함하여 5종류 이상 관찰되고 수량이 충분하면 3점으로 평정한다. 한편 자료가 3, 4종류 있으며 자료의 수량이 충분하지 않은 경우는 2점으로 평정한다. 반면 크레파스와 스케치북 등 자료가 2종류 이하로 관찰되면 1점으로 평정한다.

C-19. 실내외에 신체 활동을 위한 교구들이 구비되어 있다.

점수	평정 기준
3	실내외에 신체 활동을 위한 교구가 5종류 이상 있다. (예: 자전거/공/훌라후프/매트/뜀틀/평균대)
2	신체 활동을 위한 교구가 3, 4종류 있다.
1	신체 활동을 위한 교구가 2종류 이하 있다.

 이 문항은 실내와 실외에 신체 활동을 위한 교구들이 구비되어 있는지를 평가하기 위한 것이다. 유아기는 신체 움직임이 활발한 시기이나 어린이집에서 종일을 보내는 유아들은 운동량이 부족해지기 쉽다. 그러므로 신체 활동을 위한 다양한 교구를 실외뿐 아니라 실내에서도 제공하여 신체 활동을 할 수 있는 여건을 마련해주어야 한다. 신체 활동을 위한 교구들은 고정된 신체 활동 놀이 기구와 달리 이동이 간편하여 융통성 있게 활동을 진행할 수 있다는 장점이 있다. 이를 관찰하기 위해서는 실외 놀이터와 실내 유희실 또는 보육실을 관찰하도록 하고, 교구가 보관되어 있는 경우라도 유아가 자유롭게 꺼내서 놀이할 수 있는지를 판단하여 평가하도록 한다.

 신체 활동을 위한 교구의 예에는 자전거, 크기와 재질이 다양한 공, 훌라후프, 매트, 뜀틀과 평균대 등이 있다. 이러한 교구 외에도 점핑 바운서, 야구 방망이, 펀치볼, 고리 던지기 등이 신체를 위한 교구로 첨가되거나 대체될 수 있다. 이런 교구들은 실외나 실내에서 유아들의 통행에 방해가 되지 않고 유아가 쉽게 이용할 수 있는 위치에 비치하여야 한다.

 신체 활동을 위한 교구가 5종류 이상 관찰되면 3점으로 평정하고, 교구가 3, 4종류 있으면 2점으로 평정한다. 반면 신체 활동을 위한 교구가 2종류 또는 그 이하로 있는 경우에는 1점으로 평정한다.

4. 교육 경험 및 활동

보육시설은 영유아에게 일상적인 양육을 제공할 뿐 아니라 발달적으로 적합하고 교육적으로 의미 있는 경험을 제공해야 한다. 영유아가 다양하고 적합한 놀이 및 활동에 능동적으로 참여하고 구체적인 경험을 함으로써 세상에 대해 학습할 기회가 생기고 전인적 발달을 이룰 수 있다. 따라서 이 영역의 문항은 발달적으로 학습 활동이 더 많이 요구되는 유아반에 비중을 두고 구성되었다. 이 영역에서는 발달적으로 적합한 놀이와 학습 활동이 얼마나 다양하게 진행되는지 그리고 활동 간의 균형과 선택 가능성에 초점을 두어 관찰하도록 한다. 교육 경험 및 활동 영역은 영아반 3문항, 유아반 11문항, 총 14문항으로 구성되어 있으며 내용은 다음과 같다.

교육 겸험 및 활동		관련 내용과 문항	
영 아 반	놀이 경험과 활동	· 활발한 신체 활동/소근육 활동 · 언어 활동/미술 활동/음률 활동 · 블록 쌓기/소꿉놀이	(문항 D-1) (문항 D-2) (문항 D-3)
유 아 반	활동의 균형과 선택 가능성	· 실내 활동과 실외 활동의 균형 · 정적 활동과 동적 활동의 균형 · 충분한 자유선택활동 시간의 제공 · 활동 간 전이의 자연스러움	(문항 D-4) (문항 D-5) (문항 D-6) (문항 D-7)
	다양한 놀이와 활동	· 실물을 이용한 수/과학 활동 · 듣기, 말하기, 읽기, 쓰기 활동 · 다양한 역할놀이 경험 · 쌓기놀잇감을 이용한 구성 활동 · 다양한 음률 활동 · 여러 가지 자료를 활용한 미술 활동 · 물놀이와 모래놀이	(문항 D-8) (문항 D-9) (문항 D-10) (문항 D-11) (문항 D-12) (문항 D-13) (문항 D-14)

각 문항의 평정 기준을 다음에 제시하고자 한다.

D-1. 활발한 신체 활동/소근육 활동
(기어오르기, 내려오기, 공놀이/끼우기, 넣고 빼기)

점수	평정 기준
3	2종류의 활동이 모두 관찰된다.
2	1종류의 활동만 관찰된다.
1	2종류 모두 관찰되지 않는다.

　　이 문항은 영아반 내에서 대소근육 활동이 모두 이루어지고 있는지를 평가하기 위한 것이다. 건강한 영아는 잠시도 쉬지 않고 움직이며, 신체 활동에 열중하는 것처럼 보인다. 대소근육을 이용하는 활동은 걷기, 뛰기 등의 운동 기술을 익히기 위한 목적뿐 아니라 영아의 학습과 발달 전반에 영향을 끼친다.

　　영아의 대근육 활동으로는 기어오르기, 내려오기, 걷기, 달리기, 던지기, 균형잡기 등이 포함된다. 구체적인 활동의 예로는 마주앉아 공굴리기, 유모차 밀기, 끌차 끌고 다니기, 계단 오르내리기, 발자국 따라 걷기, 길 따라 걷기, 발끝으로 걷기, 터널 등의 낮은 곳을 기어서 통과하기 등이 있는데 이러한 활동을 위해 낮은 미끄럼틀, 스펀지 매트나 계단, 끌 수 있는 놀잇감, 공 등이 활용된다.

　　영아를 위한 소근육 및 조작 활동에는 손과 손가락의 움직임을 활용하는 경험이 포함된다. 눈과 손의 협응이 증가함에 따라 영아는 놀잇감을 끼웠다 뺐다 하기, 숟가락질 하기, 쉬운 끈꿰기 등을 할 수 있다. 활동의 예로는 모래나 마카로니 등 담고 쏟기, 구멍으로 집어넣기, 그림조각 맞추기, 모양 찾아넣기, 뚜껑 맞추기, 고리 끼우기, 탑쌓기, 못박기(두드리기), 손잡이 돌리기 등이 있다.

　　관찰자는 영아의 놀이를 주의깊게 관찰하면서 위에서 제시한 활발한 신체 활동과 소근육 활동이 모두 관찰되는지 확인하고 평정한다. 처음에는 해당 활동이 관찰되지 않다가 시간이 경과한 후 나타날 수도 있으므로 최소 20분 이상 관찰하도록 한다. 활발한 신체 활동과 소근육 활동이 모두 관찰되면 3점, 1종류의 활동만 관찰되면 2점, 2종류의 활동이 모두 관찰되지 않으면 1점에 평정한다.

D-2. 언어 활동/미술 활동/음률 활동
　　(그림책 보기, 이야기 듣기/끄적거리기, 가위질, 스티커 붙이기/소리 듣기, 악기 두드리기,
　　노래하기, 리본막대 흔들기)

점수	평정 기준
3	2종류 또는 3종류의 활동이 관찰된다.
2	1종류의 활동만 관찰된다.
1	3종류 모두 관찰되지 않는다.

　이 문항은 영아반에서 언어 활동, 미술 활동, 음률 활동이 얼마나 일어나는지를 관찰하기 위한 것이다. 영아를 위한 언어 활동에는 교사와 함께 소집단으로 그림책 보기 혹은 혼자서 책 보기 등이 대표적인 활동이다. 이 시기에는 그림책을 넘기거나 이야기를 듣는 것을 매우 즐긴다. 또한 자신이 본 그림에서 사물의 명칭을 말할 수 있으며, 친숙한 내용의 이야기를 읽어줄 때에는 옆에서 거들기도 한다. 그림책 이외에 손가락 인형, 손인형, 영아의 가족 사진이나 화보용 그림 등도 사용된다. 활동의 예로는 교사가 읽어주는 책을 함께 보기, 그림책 넘기면서 책 보기, 교사가 말하는 그림 지적하기, 듣고 말하기, 흉내내기 등이 있다.

　영아는 크레파스나 색연필 같은 간단한 재료를 가지고 끄적거리는 미술 활동의 초보적 행동을 보이며, 자기가 그려놓은 그림을 가리키며 좋아하는 것을 볼 수 있다. 따라서 여러 가지 필기 도구를 이용하여 끄적거려 보는 활동을 할 수 있는 기회를 만들어주어야 한다. 이밖에 눈과 손의 협응력이 발달하면서 능숙하지는 않지만 가위질을 시도해보게 되고, 테이프나 스티커 붙이기를 할 수 있다. 활동의 예로는 크기와 색깔이 다양한 종이에 그리기, 큰 붓이나 분필 등의 재료로 그리기, 도장찍기, 가위질 해보기, 적절한 크기의 스티커 붙이기, 테이프 붙이고 떼어보기 등이 있다.

　음률 활동도 영아들이 매우 좋아하는 활동이다. 영아가 사용할 수 있는 작은북이나 실로폰, 단순한 마라카스 등의 악기를 직접 두드리거나 소리를 내볼 수 있도록 해주고 교사와 함께 노래하거나 노래를 들어볼 수 있는 경험을 가져야 한다.

　영아반은 영아의 양육적 요구에 응하는 시간이 많아 위에서 제시한 3종류의 활동이 모두 관찰되지 않을 수 있다. 또한 단순한 반복 활동을 좋아하는 영아의 특성상 제한된 관찰시간 내에 3종류의 활동이 모두 관찰되기 어려울 수 있다. 따라서 3종류의 활동 중에서 2종류 이상 관찰되면 3점, 1종류의 활동만 관찰되면 2점, 모두 관찰되지 않으면 1점에 평정한다.

D-3. 블록 쌓기/소꿉놀이
(블록 이동하기, 늘어놓기, 쌓고 무너뜨리기/상차리기, 엄마아빠 흉내내기)

점수	평정 기준
3	2종류의 활동이 모두 관찰된다.
2	1종류의 활동만 관찰된다.
1	2종류 모두 관찰되지 않는다.

이 문항은 영아가 블록쌓기나 소꿉놀이를 얼마나 하는지 관찰하기 위한 것이다. 영아는 대소근육이 발달함에 따라 블록을 한 곳에서 다른 곳으로 이동하고, 길게 늘어놓기도 하며, 높이 쌓아보고 무너뜨리는 활동을 반복하게 된다. 종이벽돌, 우레탄블록, 천으로 된 블록, 큰 레고 등을 자신의 키만큼 높이 쌓아보며 작은 나무 적목을 넘어지지 않게 높이 쌓는 데 열중하기도 한다. 그리고 블록을 이용하여 아주 간단한 수준의 구성놀이를 하기도 한다. 따라서 영아가 이러한 경험을 할 수 있는 활동이 제공되어야 한다.

영아는 2세를 전후해 단순한 수준의 상징을 사용하는 것이 가능해진다. 따라서 어떠한 사물이나 상황을 상상하면서 소꿉놀이를 할 수 있게 된다. 이 시기는 상상놀이의 초기 단계이므로 영아가 상상하는 데 도움이 되는 구체적인 자료를 많이 제공하여야 한다. 가능한 활동의 예로는 인형을 유모차에 태워주기, 아기 재우기, 목욕시키기, 여러 가지 신발 신어보기, 엄마나 아빠처럼 꾸며보기, 부엌놀이, 전화놀이 등이 있다.

블록쌓기와 소꿉놀이가 모두 관찰되면 3점, 1종류의 활동만 관찰되면 2점, 2종류 모두 관찰되지 않으면 1점에 평정한다.

D-4. 실내 활동과 실외 활동이 균형 있게 이루어진다.

점수	평정 기준
3	실내 활동과 함께 실외 활동이 오전, 오후로 균형 있게 이루어진다.
2	실외 활동이 하루에 한 번만 이루어진다.
1	실내 활동 위주로 이루어진다.

이 문항은 유아반에서 교육 경험이 실내 활동 위주로만 이루어지지 않고, 실외 활동과 균형을 이루고 있는지를 평가하기 위한 문항이다. 보육시설의 경우 오랜 시간을 같은 공간에서 생활하므로 실외놀이를 통하여 환경에 변화를 줄 필요가 있다. 유아의 건강과 발달을 위해서도 실내에서 벗어나 햇빛과 하늘, 실외의 공기와 자연을 경험하도록 하며, 활발한 적극적인 대근육 활동에 참여할 수 있는 기회를 마련해주어야 한다. 따라서 바깥놀이터나 옥상 등의 실외 공간에서 최소한 오전 일과 중에 한 번, 오후 일과 중에 한 번씩 실외놀이를 할 수 있도록 한다.

관찰자는 이 문항의 관찰을 위해 오전 일과 중에 실외놀이를 하는지 직접 관찰한다. 실내(예: 지하 유희실)에서 신체 활동을 하는 경우에는 실외 활동으로 간주하지 않는다. 관찰 당일 비가 오거나 기타 날씨의 제한으로 직접 관찰이 어려우면 일과 순서표나 유아에게 하는 교사의 설명(예: "오늘은 비가 와서 바깥놀이를 할 수 없겠다. 낮잠 자고 나서 비가 그치면 그 때 하자.")을 단서로 판단한다. 다음으로 오후에 실외놀이를 하는지를 평가하기 위해서도 학급에 게시되어 있는 일과 순서표를 이용하거나 교사에게 질문을 하여 평가하도록 한다.

실외 활동이 오전, 오후에 모두 이루어지고 있으면 3점에 평정한다. 실외 활동을 하루에 한 번만 한다면 2점, 실외 활동 없이 실내 활동 위주로만 이루어진다면 1점에 평정한다.

D-5. 정적 활동과 동적 활동이 균형 있게 이루어진다.

점수	평정 기준
3	정적 활동(예: 이야기 나누기, 그림 그리기, 동화 듣기)과 동적 활동(예: 신체 표현, 게임, 실외놀이)이 균형 있게 순서를 바꾸어가며 이루어진다.
2	정적 활동이나 동적 활동이 모두 이루어지나, 한쪽이 더 많다.
1	정적 활동을 주로 한다.

이 문항은 유아반 일과를 통해 정적인 활동과 동적인 활동이 균형 있게 실시되고 있는지를 평가하기 위한 것이다. 일과 계획은 기본적으로 각 프로그램의 철학에 근거하지만 어떠한 프로그램이든 활동의 내용과 순서는 균형잡힌 것이어야 한다. 즉 일과를 통해 동적 활동과 정적 활동, 실내 활동과 실외 활동, 개별 활동과 대·소집단 활동, 교사 주도 활동과 아동 주도 활동이 조화롭게 계획되어야 하며 하루일과의 활동 순서를 결정할 때 서로 다른 특성의 활동들이 교차될 수 있도록 해야 한다.

특히 정적인 활동과 동적인 활동은 일과 전체를 통해서 뿐만 아니라 자유선택활동 시간을 통해서도 개별 유아가 정적인 활동과 동적인 활동을 바꾸어가며 참여할 수 있도록 배려한다. 예를 들어 유아가 이야기나누기와 같은 정적인 활동을 경험했다면 다음에는 실외놀이와 같은 동적인 활동을 경험할 수 있도록 하는 것이 바람직하다. 또 그림 그리기와 같은 정적인 활동 시간을 가졌다면 그 다음에는 신체 표현이나 게임 등의 동적인 활동을 하도록 계획할 수 있다.

이 문항에 대한 평가는 앞의 예에서 제시된 것처럼 일과를 통해 정적인 활동과 동적인 활동이 순서를 바꾸어가며 균형 있게 이루어지고 있다면 3점으로 평정한다. 만일 하루일과를 통해 정적인 활동이나 동적인 활동이 모두 이루어지기는 하나 한쪽 활동이 더 많은 경우에는 2점으로 평정한다. 그러나 일과를 통해 동적인 활동이 거의 없고 조용히 앉아 이야기 나누기, 그림 그리기, 동화 듣기 등의 정적인 활동만으로 일과를 운영하는 경우에는 1점으로 평정한다. 본 관찰척도의 관찰 시간이 오전에 제한되어 있을 때 오후 일과에 대한 내용은 보육실에 비치된 일과 계획표를 참조하거나 해당 학급 교사에게 오후 활동이 어떤 순서로 진행될 것인지를 질문함으로써 평가를 할 수 있다.

D-6. 일과에 자유선택활동 시간이 충분하다.

점수	평정 기준
3	자유선택활동 시간이 하루에 최소 3시간 또는 그 이상이다.
2	자유선택활동 시간이 하루에 1~2시간 정도이다.
1	자유선택활동 시간이 하루에 1시간 미만이다.

이 문항은 유아반 일과를 통해 유아의 자유선택활동 시간이 충분한지를 평가하기 위한 것이다. 일반적으로 하루일과는 시간대 별로 구분된 활동을 진행하며 운영된다. 이러한 시간대별 활동들은 서로 분리된 하나의 교과목 성격을 갖는 것이 아니라 유아의 전인 발달을 위해 통합적으로 연결되어야 한다. 일반적으로 어린이집의 일과는 등원, 오전 자유선택활동, 오전 간식, 대·소집단 활동, 오전 실외놀이, 점심, 낮잠, 오후 간식, 오후 자유선택활동, 오후 실외놀이, 귀가 등으로 구성된다.

특히 자유선택활동은 실내와 실외 활동으로 장소에 따라 구분될 수 있으며 교사의 계획 하에 준비된 실내·외 환경에서 유아가 자신의 흥미와 능력에 맞는 놀이를 스스로 선택하고 결정하여 활동하는 시간이다. 자유선택활동은 유아 자신이 선택한 활동을 충분히 경험할 수 있도록 유아 연령에 따라 60~80분 정도의 충분한 시간을 할당하도록 한다. 따라서 오전과 오후 두 차례의 실내 자유선택활동 및 실외놀이 시간을 고려한다면 적어도 하루에 최소 3시간 또는 그 이상을 자유선택활동 시간으로 운영하는 것이 바람직하다. 본 관찰척도의 관찰 시간이 오전으로 제한되어 있을 경우에 오후 자유선택활동 및 실외놀이 시간은 보육실에 비치된 일과 계획표를 참조하거나 해당 학급 교사에게 오후 활동의 순서와 시간을 질문함으로써 평가를 할 수 있다.

이 문항에 대한 평가는 앞의 예에서 제시한 일과를 통해 적어도 3시간 이상의 자유선택활동에 대한 계획을 하고 있다면 3점으로 평정한다. 그러나 일과를 통해 자유선택활동 시간이 1~2시간 정도라면 2점, 자유선택 활동 시간이 1시간 미만이거나 일과가 대집단 활동의 수업(예: 음악 시간, 과학 시간, 미술 시간)처럼 진행되어 선택 활동 없이 운영된다면 1점으로 평정한다.

D-7. 한 활동에서 다른 활동으로의 전이가 자연스럽게 이루어진다.

점수	평정 기준
3	한 활동에서 다른 활동으로 옮길 때에는 유아에게 미리 알려주고 개별 유아의 상황을 고려하여 무리 없이 진행한다.
2	전이 과정이 약간 무리하게 진행되는 경우가 있다.
1	전이 과정의 대부분이 유아의 상황을 고려하지 않고 무리하게 진행된다.

이 문항은 일과를 운영할 때 한 활동에서 다음 활동으로의 전이가 자연스럽게 진행되는지를 평가하기 위한 것이다. 유아가 한 활동을 끝내고 교사의 도움 없이 다음 활동을 기다린다는 것은 매우 어려운 일이다. 전이는 하루일과 운영에서 시간상으로는 큰 비중을 갖지 않으나, 단 몇 분의 시간이라도 유아들에게는 길고 지루한 시간이 될 수 있다.

일반적으로 어린이집 하루일과를 통해 전이 시간은 자유선택활동 시간 이후, 식사 시간 이후, 실외놀이 시간 이후, 낮잠 시간 이후에 발생하며 이 때 다음과 같은 사항을 고려해야 한다. 첫째, 가능하다면 전이 시간이 너무 길지 않아야 하며 그 시간에 교사가 무엇을 해야 할지 미리 계획하는 것이 바람직하다. 둘째, 유아에게 전이를 미리 알려주어 심리적으로 다음 활동을 준비할 수 있도록 배려해야 한다.

자유선택활동 시간에서 다음 활동(예: 이야기나누기)으로의 전이 시간에 대한 적절한 예는 다음과 같다. 유아들에게 놀이가 끝나기 5분 전에 미리 알려준다. 보통 시계에 쓰여진 숫자를 이용하여 "지금 긴 바늘이 5자에 가 있어요. 긴 바늘이 6자에 가면 놀이하던 것을 정리할거예요."라고 구체적으로 알려준다. 예정된 5분이 지난 후에는 종을 흔들거나 노래를 불러줌으로써 이것이 전이의 신호임을 유아가 알 수 있도록 한다. 어느 정도(반 이상) 유아들의 정리가 진행된 후에는 간단한 활동(예: 손유희 혹은 노래, 게임, 주의집중을 위한 수수께끼)을 진행하면서 자연스럽게 다음 활동인 이야기나누기를 위해 모여 앉도록 한다.

관찰자는 앞의 예와 같이 유아에게 전이를 미리 알려주고 개별 유아의 상황을 배려하면서 자연스럽게 운영하는 경우에는 3점으로 평정한다. 유아에게 전이를 미리 알려주기는 하나, 전이 시간이 다소 길어진다든지 일부 전이가 약간 무리하게 진행되는 경우에는 2점을 준다. 그러나 유아에게 전이를 미리 알려주지 않고 전이가 대부분 무리하게 진행되는 경우에는 1점으로 평정한다.

D-8. 실물을 이용해 수/과학 활동을 한다.

점수	평정 기준
3	수/과학 활동을 할 때 다양한 실물 자료를 이용한다. (예: 분류, 일 대 일 대응, 수세기/동 · 식물 관찰, 실험)
2	수/과학 활동을 하지만, 실물 자료는 부분적으로 이용한다.
1	수/과학 활동을 거의 하지 않거나, 주로 평면 자료를 이용한다(예: 수 놀이책).

　이 문항은 유아가 다양한 실물 자료를 이용하여 수/과학 활동에 참여하고 있는지를 평가하기 위한 것이다. 수/과학과 관련된 개념은 영아기부터 시작되어 단계적으로 발달하며 특히 유아기 수/과학과 관련된 탐구 활동은 논리적 · 분석적 · 합리적인 사고를 형성하는 데 중요한 역할을 한다. 따라서 이러한 사고 발달을 위해 유아의 수준과 흥미를 고려한 다양한 수/과학 활동을 계획하되, 추상적이기보다는 유아가 실제 주변에서 접할 수 있는 구체적이고 실제적인 사건과 사물을 기초로 접근하도록 한다.

　일반적으로 유아기에 다룰 수 있는 수/과학 활동은 모양 · 색 · 크기 · 길이의 분류, 일 대 일 대응, 수세기, 비교, 서열, 수학적 어휘, 측정, 확률과 그래프, 분수 등의 수 개념과 동 · 식물 관찰, 실험, 요리 등의 과학 개념과 관련된 내용들이 있다. 수 개념과 관련된 활동에서는 유아가 암기에 의해 기계적으로 수를 세고 평면 자료를 통해 수를 세도록 하기보다 단추, 구슬, 주변 사물 등 구체적인 실물 자료들을 가지고 수를 세어볼 수 있도록 한다. 또 전화번호, 달력이나 시계 숫자 등 주변에서 수의 적용 기회를 이용하여 자연스럽게 수를 인식하도록 하는 것이 바람직하다.

　한편 과학 개념과 관련된 활동의 예로는 새, 물고기, 나비, 꽃 등의 생물을 직접 길러보면서 생물의 특성을 관찰할 수 있다. 또한 유아 자신의 생각을 검증할 수 있도록 작은 실험 활동을 제시하여 과정과 결과를 유아가 이해하도록 할 수 있다. 그밖에도 요리 활동은 유아가 매우 좋아하는 것으로 여러 가지 과학 개념을 포함하고 있는 유익한 활동이다.

　이 문항에 대한 평가는 앞의 예처럼 유아가 다양한 실물 자료를 이용하여 수 활동과 과학 활동에 참여하고 있다면 3점으로 평정한다. 만약 유아가 수 활동과 과학 활동에 참여하고 있지만 실물 자료가 부족하여 1, 2가지 활동이 사진 자료나 모형으로 대치되고 있다면(예: 거북이 관찰 활동을 실제로 길러보기보다는 사진이나 그림과 같은 평면 자료로 대치하는 경우) 2점으로 평정한다. 그러나 유아가 수/과학 활동을 거의 하지 않거나 주로 사진이나 그림과 같은 평면 자료를 이용하여 활동하는 경우에는 1점으로 평정한다.

D-9. 듣기 · 말하기의 기회와 읽기 · 쓰기에 관심을 갖게 하는 활동을 한다.

점수	평정 기준
3	듣기 · 말하기의 기회와 읽기 · 쓰기에 관심을 갖게 하는 활동을 다양하게 한다. (예: 동화 듣기/경험한 내용 말하기/그림동화 읽기/모양 그리기)
2	네 영역에 관련된 활동이 이루어지나, 한두 영역에 치우쳐 있다.
1	학습지를 이용하여 읽기 · 쓰기 연습을 주로 한다.

이 문항은 유아가 듣기, 말하기의 기회를 충분히 갖고 읽기와 쓰기에도 관심을 갖도록 언어 활동이 다양하게 이루어지고 있는지를 평가하기 위한 것이다. 유아기는 말과 글에 관심을 가지고 기초적인 언어 능력이 발달하는 시기이므로 일상 생활을 통해 언어와 관련된 다양한 경험이 필요하다.

일반적으로 유아의 의사소통 과정을 돕기 위한 언어 활동은 듣기, 말하기, 읽기, 쓰기로 나누어볼 수 있다. 이러한 활동들은 각각 분리되어 진행된다고 생각하기 쉬우나 각각의 기능이 의사소통 과정에서 서로 영향을 주고 통합적으로 발달한다. 따라서 유아를 위한 언어 활동은 분리된 기능이나 순서를 가지고 진행하기보다는 의미 있는 맥락 내에서 통합적이며 상호 관련된 활동들을 실시하는 것이 바람직하다.

'동물' 주제와 관련된 활동의 예를 들어보면 다음과 같다. 교사는 동물과 관련된 동화를 읽어주고 유아는 동화를 들을 수 있으며 견학을 통해 유아 자신이 경험한 동물의 생김새나 소리에 관해 말할 수 있다. 또한 유아는 동물에 관한 그림책이나 화보를 보며 읽기 활동을 할 수 있고 동물 그림을 그리거나 글자를 흉내내볼 수 있다. 이렇듯 1가지 주제를 가지고도 다양한 언어 활동이 동시에 일어날 수 있으며 이러한 활동들이 '동물'이라는 주제 내에서 통합되고 상호 관련되어 있으면 유아에게 더욱 의미 있는 활동이 될 수 있다.

이 문항에 대한 평가는 앞서 제시한 예처럼 4가지 영역의 언어 활동이 다양하게 이루어지고 있다면 3점으로 평정한다. 만약 네 영역에 관련된 활동이 모두 이루어지기는 하나 주로 한두 영역의 활동 비중이 더 큰 경우에는 2점으로 평정한다. 그러나 학습지를 이용하여 읽기 · 쓰기 연습을 주로 하거나 한 영역에 치우친 활동(예: 그림책 읽기)만 하는 경우에는 1점으로 평정한다.

D-10. 다양한 역할놀이 경험을 한다.

점수	평정 기준
3	다양한 종류의 놀잇감을 이용한 역할놀이가 이루어진다. (예: 가족놀이/병원놀이/음식점놀이/전화놀이/소방서놀이/우주선놀이)
2	제한된 놀잇감으로 역할놀이가 이루어진다.
1	역할놀이가 거의 이루어지지 않는다.

이 문항은 유아가 역할놀이를 다양하게 경험하고 있는지를 평가하기 위한 것이다. 유아는 역할놀이를 통해 자신이 흥미롭게 경험한 사건이나 대상 그리고 상상한 내용을 재현한다. 이러한 역할놀이는 유아의 사회적 기술을 증진시키고 상상력과 지적 능력을 발달시키는 데 도움이 되며 언어 발달에도 중요한 역할을 한다. 역할놀이는 연령에 따라 차이를 보이는데 어린 유아는 즉흥적이며 단순한 행동에 대한 모방놀이를 하지만 연령이 증가함에 따라 사회극적 요소가 첨가된 놀이로 확장된다. 역할놀이는 자유선택활동 시간에 관찰하되 전반에 나타나지 않으면 후반에 다시 관찰하여 평가한다.

이 문항에서는 유아들이 자발적으로 다양한 의상과 소품을 이용하여 역할놀이를 하고 있는지 관찰하여 평가한다. 다양한 자료를 이용한 역할놀이의 예는 다음과 같다. 유아들이 가족놀이에서 엄마와 아빠의 역할을 나타내는 의상과 소품들(예: 주방 용품, 음식물 모형, 아기 용품)을 이용하여 놀이하고, 병원놀이의 경우에는 의사·간호사·약사·환자용 의상과 병원 관련 소품(예: 주사, 약, 청진기, 병원 침대)을 이용하여 놀이한다. 소방서놀이에서는 소방관 의상과 소방서놀이 관련 소품(예: 무전기, 메가폰, 들것, 호스)을 이용하고, 우주선놀이의 경우는 우주인 의상과 우주선놀이 관련 소품(예: 산소통, 모형 컴퓨터)을 이용하여 놀이할 수 있다.

이와 같이 다양한 놀잇감을 이용하여 역할놀이가 진행되고 있는 경우는 3점으로 평정한다. 역할놀이가 이루어지기는 하되 몇 가지 제한된 놀잇감을 이용하여 놀이하고 있는 경우는 2점으로 평정한다. 관찰 시간 동안 역할놀이가 거의 이루어지지 않는 경우는 1점으로 평정한다.

D-11. 쌓기놀잇감을 이용한 구성 활동을 한다.

점수	평정 기준
3	쌓기놀잇감을 이용하여 다양한 구성 활동을 자유롭게 한다. (예: 탑쌓기/집 구성/마을 구성/동물원 꾸미기)
2	구성 활동이 이루어지나, 교사가 놀잇감이나 놀이 공간을 일부 제한한다.
1	구성 활동이 거의 이루어지지 않는다.

이 문항은 유아가 쌓기놀잇감을 이용하여 다양한 구성 활동을 자유롭게 하는지 평가하기 위한 것이다. 유아의 의도에 따라 쌓기놀잇감을 자유롭게 활용하는 구성 활동은 유아의 성취감과 긍정적인 자아 개념 형성에 도움이 되며, 이 과정에서 친구들과 어울리고 사회적 기술을 습득할 수 있다. 또한 놀잇감을 쌓는 가운데 공간 지각 능력, 눈과 손의 협응력, 대·소근육 조절 능력이 촉진될 수 있다. 다양한 형태의 쌓기놀잇감을 다루면서 비교나 분류(예: 높이, 크기) 같은 수학적 개념도 자연스럽게 학습할 수 있으며, 구성물의 균형과 안정성을 고려하는 등 과학적 탐구 능력 신장에도 도움이 된다. 그 외에도 구성물 형태의 복잡성, 대칭 등 아름다움과 입체 구성에 관련된 조형 능력을 발달시킬 수 있다.

구성 활동이 다양하게 이루어질 때의 예로써 유아들은 쌓기놀잇감을 활용하여 탑쌓기 놀이에서 복합적인 형태를 구성하거나 유니트블록과 속 빈 블록 등을 조합하여 집이나 마을 등을 꾸밀 수 있다. 또한 동물원 구성에서는 이미 구성된 집이나 마을과 연결하여 하나의 복합적인 도시를 꾸밀 수 있다. 이때 교사는 쌓기놀잇감의 종류나 수를 유아에게 분배하거나 활동 장소를 제한하지 않고 충분한 자료와 장소를 제공하도록 유의하여야 한다.

이와 같이 쌓기놀잇감을 이용한 다양한 구성 활동이 자유롭게 이루어지고 있는 경우는 3점으로 평정한다. 구성 활동은 이루어지고 있으나 교사가 놀잇감이나 놀이 공간을 일부를 제한하기도 하는 경우는 2점으로 평정한다. 구성 활동이 거의 이루어지지 않는 경우는 1점으로 평정한다.

D-12. 다양한 음률 활동을 한다.

점수	평정 기준
3	다양한 악기와 자료를 활용한 창의적인 음률 활동을 한다. (예: 리듬악기로 다양한 소리내기/음악 듣고 스카프나 리본 테이프로 표현하기)
2	창의적인 음률 활동보다 따라하는 활동이 많고, 악기나 자료가 다양하지 않다. (예: 노래 따라하기/율동 따라하기)
1	교사를 따라하는 음률 활동이 대부분이고, 악기나 자료를 거의 활용하지 않는다.

　이 문항은 유아가 다양한 악기와 자료를 활용하여 음률 활동을 창의적으로 하고 있는지 평가하기 위한 것이다. 유아는 자신의 감정이나 생각을 음악이나 신체를 통해 표현함으로써 긴장을 해소하고 즐거움을 충족시키게 된다. 또한 자신의 고유하고 독특한 생각을 음률 활동을 통해 자유롭게 표현함으로써 창의성을 증진시킬 수 있고, 또래의 창의적인 표현을 감상하며 심미감을 기를 수 있다. 이 문항에 대한 평가를 위해 교사와 유아 간 또는 유아들 간에 자발적인 음률 활동이 이루어지고 있는지 관찰하도록 한다.

　다양한 악기와 자료를 활용한 창의적인 음률 활동의 예로는 탬버린, 캐스터네츠, 트라이앵글 등을 이용하여 자유롭게 악기 소리를 내는 것, 음악 듣고 스카프나 리본 테이프 등을 이용하여 느낌이나 감정을 표현하는 것 등이 있다. 그 외에도 폐품 자료나 신체의 일부를 이용하여 소리의 고저, 장단 등 창의적인 소리를 만들 수 있다. 이와 같이 창의적인 음률 활동은 집단으로 노래 배우기, 율동 배우기와 같이 따라하는 활동과는 구별된다.

　음률 활동이 다양한 악기와 자료를 활용하여 창의적으로 실시되고 있으면 3점으로 평정한다. 창의적인 활동보다는 노래 배우기, 율동 따라하기 등 교사를 따라 하는 활동이 더 많고 이용하는 악기나 자료가 다양하지 않은 경우에는 2점으로 평정한다. 창의적인 음률활동의 기회가 거의 없고 노래나 손유희 등 교사를 따라하는 활동이 대부분이며 악기와 자료도 거의 활용하지 않는 경우는 1점으로 평정한다.

D-13. 여러 가지 자료를 활용하여 미술 활동을 한다.

점수	평정 기준
3	여러 가지 자료를 활용하여 다양한 미술 활동을 창의적으로 한다. (예: 그리기/만들기/콜라주/입체 꾸미기)
2	여러 가지 자료를 제공하지만, 창의적인 활동보다는 모방 활동이 많다.
1	1, 2가지 자료를 제공하며 1종류의 활동을 주로 한다(예: 그리기).

이 문항은 여러 가지 자료를 활용하여 미술 활동이 창의적으로 이루어지고 있는지를 평가하기 위한 것이다. 유아는 미술 활동을 통해 자신의 경험과 감정뿐 아니라 사고나 기억 등을 표현하게 되며, 미술 활동은 유아의 정서, 창의성, 인지, 소근육 발달 등에 영향을 끼친다. 이때 교사는 유아가 다양한 자료를 이용하여 자신의 생각과 감정을 창의적으로 표현할 수 있도록 격려하고 개방적인 분위기를 조성하는 것이 중요하다. 또한 모방 활동을 위주로 하여 유아의 표현을 제한하기보다 다양한 자료를 제공하여 유아가 스스로 작품을 구성할 수 있도록 해야 한다.

창의적 미술 활동에서는 유아가 교사의 예시 작품을 모방하기보다 자신만의 창의적 표현을 위해 보다 다양한 자료를 활용하고 있는지 관찰한다. 또한 교사가 준비한 활동 이외에도 유아가 원하는 미술 활동을 자유롭게 하고 있는지도 관찰할 수 있다. 예를 들어 그리기활동의 경우에 교사가 준비한 물감 외에 색연필·크레파스 등 다양한 도구를 이용하고 있는지 살펴보고, 그리기 활동 이외에도 만들기·콜라주·종이 접기 같은 입체 조형 활동이 이루어지고 있는지도 평가할 수 있다.

이상과 같이 여러 가지 자료를 활용하여 다양한 미술 활동이 창의적으로 이루어지는 경우는 3점으로 평정한다. 여러 가지 자료를 제공하지만 창의적인 활동보다는 모방 활동이 많으면 2점으로 평정한다. 1, 2가지의 자료가 제공되고 있으며 대부분의 유아가 1종류의 활동(예: 그리기)을 하고 있는 경우는 1점으로 평정한다.

D-14. 물놀이와 모래놀이를 한다.

점수	평정 기준
3	다양한 놀잇감을 이용한 물 · 모래놀이를 한다.
2	물 · 모래놀이가 제공되나 놀잇감이 1, 2종류로 제한된다.
1	물 · 모래놀이 시설이 없거나 놀이의 기회가 거의 없다.

이 문항은 다양한 놀잇감을 이용하여 물놀이와 모래놀이가 이루어지고 있는지 평가하기 위한 것이다. 물이나 모래는 독특한 감촉을 지닌 자연물로 특별한 놀이 기술을 필요로 하지 않기 때문에 다양한 연령층의 유아가 즐기는 놀이 자원이다. 물놀이와 모래놀이를 통해 유아는 수학적 개념과 과학적 지식을 습득할 수 있고, 창의력과 문제해결력을 촉진시킬 수 있으며 긴장 해소를 통한 정서 발달에 도움이 된다. 또한 물이나 모래를 담고 옮기는 활동을 통해 소근육 발달과 함께 신체 조정 능력을 신장하는 데 도움을 준다. 이때 유아가 다양한 놀잇감을 이용하여 물 · 모래 감각놀이, 역할놀이, 구성놀이를 촉진할 수 있도록 하는 것이 중요하다. 관찰에서 유의할 사항으로 해당 기관에 물 · 모래 시설은 있으나 날씨 관계로 놀이를 직접 관찰할 수 없는 경우에는 N/O에 표시한다.

다양한 놀잇감을 이용한 물 · 모래놀이의 예는 다음과 같다. 유아가 여러 가지 형태의 그릇과 폐품통들, 깔때기와 고무호스, PVC관, 장난감 인형과 수건, 주방 용품, 분무기, 페인트 붓, 물총 등의 놀잇감을 이용하여 물놀이를 하고 있는지 관찰한다. 또한 다양한 모양의 찍기틀류, 그릇류, 모래를 팔 수 있는 도구들(예: 플라스틱 삽, 숟가락, 주걱), 교통 기관에 관한 다양한 놀잇감(예: 배, 트럭, 포크레인), 측정 도구류(예: 계량컵, 저울)를 이용하여 모래놀이를 하고 있는지 관찰한다.

이와 같이 다양한 놀잇감을 이용하여 물놀이와 모래놀이를 하고 있는 경우는 3점으로 평정한다. 물 · 모래놀이가 모두 이루어지고 있으나 놀잇감이 1, 2종류로 제한되는 경우는 2점으로 평정한다. 물 · 모래 시설이 없거나 날씨가 허락하는데도 놀이 기회가 주어지지 않는 경우는 1점에 평정한다.

5. 교사-영유아 상호작용

보육 프로그램의 질적 수준과 가장 관계가 깊은 변인 중의 하나가 교사와 영유아 간의 상호작용이다. 특히 교사와 영유아 간 언어적 상호작용의 질과 양이 프로그램의 질적 요소와 관계가 높다고 보고되고 있다. 영유아의 최적의 발달은 성인과 긍정적이고 개별화된 관계를 형성할 때 가능하다. 따라서 이 영역은 교사와 영유아 간의 언어적 상호작용이 적절한지, 교사가 수용적이고 반응적인 태도를 보이는지 그리고 긍정적인 방식으로 행동지도가 이루어지는지에 초점을 두고 관찰하도록 한다. 교사-영유아 상호작용 영역은 영아와의 상호작용 8문항, 유아와의 상호작용 10문항, 총 18문항으로 구성되며 내용은 다음과 같다.

교사-영유아 상호작용		관련 내용과 문항	
영 아 반	언어적 상호작용	· 교사의 단순하고 구체적인 언어 사용 · 교사의 경청과 명료화시킨 반응 · 부정적 언어보다 긍정적 언어 사용	(문항 E-1) (문항 E-2) (문항 E-3)
	교사의 수용적 · 반응적 태도	· 이야기할 때의 자세 · 영아의 탐색에 민감하게 반응	(문항 E-4) (문항 E-5)
	긍정적 행동 지도	· 방해하는 영아에게 대안 활동 제공 · 영아의 외모 돌보기와 지도 · 학급 전체 상황을 수시로 관찰	(문항 E-6) (문항 E-7) (문항 E-8)
유 아 반	교사의 수용적 · 반응적 태도	· 등하원시 유아를 따뜻하게 대함 · 긍정적인 신체적 상호작용 · 이야기할 때의 자세	(문항 E-9) (문항 E-10) (문항 E-11)
	언어적 상호작용	· 유아와 개별적인 대화 나누기 · 교사의 간결하고 명료한 언어 사용	(문항 E-12) (문항 E-13)
	긍정적 행동 지도	· 긍정적 방법으로 행동 지도 · 유아 간 갈등, 문제 해결에 개입 · 학급 전체 상황을 수시로 관찰	(문항 E-14) (문항 E-15) (문항 E-16)
	놀이 참여와 확장 관련 상호작용	· 교사가 함께 놀이에 참여하고 즐김 · 놀이의 지속과 확장을 위한 상호작용	(문항 E-17) (문항 E-18)

다음에는 문항별 평정 기준을 제시하고자 한다.

E-1. 교사는 영아와 이야기를 나눌 때 단순하고 구체적인 언어를 사용한다.

점수	평정 기준
3	교사는 영아와 이야기를 나눌 때 영아의 발달 수준에 맞는 단순하고 구체적인 언어를 사용한다.
2	영아에게 단순하고 구체적인 언어를 사용하지 못할 때도 있다.
1	영아에게 길게 말하거나 어려운 말을 사용한다.

이 문항은 영아반 교사가 사용하는 언어를 평가하기 위한 문항이다. 영아는 18개월경에 두 단어를 결합시켜 자신의 의사를 표현하기 시작한다. 한 단어 시기에는 어휘의 획득 속도가 느린 편이나, 두 단어를 조합하기 시작하는 18개월경부터 영아가 사용하는 어휘 수는 빠르게 증가한다. 교사는 이러한 영아의 언어 발달 특성에 따라 영아와 이야기를 나눌 때 영아의 발달 수준에 맞는 단순하고 구체적인 언어를 사용해야 한다.

교사는 영아가 이해할 수 있는 단어들을 사용하고, 너무 길게 말하지 않으며, 알아듣기 쉽고 구체적인 언어를 사용한다. 예를 들어 "자동차를 상자에 넣자", "두 손으로 공을 잡아볼까?" 등의 간단한 지시, "○○는 자동차 놀이를 좋아하는구나", "밖이 추우니까 외투를 입고 나가야겠네" 등으로 상황을 언어로 표현해줄 수 있다. 또한 "이것, 저것, 그것" 등의 대명사보다는 "노란색 연필, 빨간색 자동차, 유모차" 등의 구체적인 명칭으로 이야기하고 "자, 이제 가자"보다는 "자전거 타러 바깥놀이터에 가자" 등으로 상황을 단순하고 구체적으로 표현함으로써 다양한 어휘를 접할 수 있게 한다.

관찰자는 영아반을 관찰하면서 교사가 영아에게 사용하는 언어를 관찰 시간 내내 주의 깊게 들어야 한다. 그리고 해당 학급 관찰이 모두 끝난 후에 교사가 단순하고 구체적인 언어를 사용하는지를 평정하도록 한다. 단순하고 구체적인 언어를 사용하면 3점, 그러지 못할 때도 있으면 2점에 평정한다. 교사가 영아의 발달 수준에 맞지 않게 길게 말하거나 어려운 단어를 사용하면 1점에 평정한다.

E-2. 교사는 영아의 발성이나 말을 주의깊게 듣고 명료화시켜 반응한다.

점수	평정 기준
3	교사는 항상 영아의 발성이나 말을 주의 깊게 들으며, 영아의 말을 정확한 표현으로 다시 말해주는 등 명료화시켜 준다(예: "빵빵"→"자동차를 갖고 싶니?").
2	영아의 발성이나 말에 대해 명료화시켜 주지 못할 때도 있다.
1	영아의 발성이나 말에 대해 언어로 반응하지 않는다.

영아의 언어에서 보편적으로 나타나는 특성 중의 하나는 '전보식 언어'이다. 이는 성인이 전보를 보낼 때 사용하는 문장과 유사하며 일반적으로 중요한 단어만 나열하고 전치사 등을 생략한 형태이다. 영아가 24개월 이후가 되면 수식어와 접속어의 사용이 조금씩 늘고 보다 복잡한 형태의 언어를 사용하게 된다. 따라서 교사는 영아와 상호작용할 때 영아가 표현한 언어에만 의존하지 말고 영아의 의도와 상황을 고려하여 반응해주어야 한다. 이를 위해서는 항상 영아의 발성이나 말을 주의깊게 듣고, 주변 상황을 관찰하며, 영아가 사용하는 불완전한 문장을 완전한 문장으로 다시 말해주어야 한다. 영아가 표현한 언어를 이해하여 단순하고 완전한 문장 구조로 교사가 반복해서 말해주는 것은 영아의 언어 발달을 촉진시킬 수 있는 효과적인 방법이다. 특히 교사가 사용하는 명확한 단어와 단순하고 명료한 문장은 영아에게 좋은 언어 모델이 될 수 있다.

평정 기준에 제시한 예처럼 놀이 상황에서 영아가 "빵빵"이라고 말을 했다면 교사는 상황을 고려하여 "자동차를 갖고 싶니?"라고 명료화시켜 준다. 영아의 "엄마"라는 말에 교사가 "○○는 엄마가 보고 싶구나"라고 영아에게 공감하면서 말해준다면, 영아는 교사가 자신에게 관심을 갖고 있음을 알 수 있으며, 구체적이고 정확한 언어 표현을 배울 기회를 갖게 된다.

교사가 항상 영아의 발성이나 말을 주의깊게 들으며 영아의 말을 정확한 표현으로 다시 말해주고 있으면 3점, 그렇지 못할 때도 있으면 2점에 평정한다. 영아의 발성이나 말을 주의깊게 듣지 않고 흘려 듣거나, 고개만 끄덕거리는 등 언어로 다시 반응해주지 않는다면 1점에 평정한다.

E-3. 교사는 영아의 행동에 대해 부정적인 언어보다 긍정적인 언어를 사용한다.

점수	평정 기준
3	교사는 영아의 행동에 대해 비평하거나 간섭하는 등의 부정적인 언어보다는 긍정적인 언어를 사용한다(예: "여기에서 놀면 안 돼"→"저기에서 놀자").
2	영아의 행동에 대해 부정적인 언어를 가끔 사용한다.
1	영아의 행동에 대해 부정적인 언어를 자주 사용한다.

이 문항은 영아반 교사가 영아에게 부정적인 언어보다 긍정적인 언어를 얼마나 사용하는지를 관찰하기 위한 것이다. 영아는 놀이 시간뿐만 아니라 등원과 간식, 식사와 낮잠 시간 등의 하루일과 동안 교사가 사용하는 언어를 통해 일과 중에 자신이 할 수 있는 일을 알고 규칙을 이해하게 된다. 또한 기관에서 하루종일 생활하는 영아는 개별적인 배려와 온정적인 상호작용을 통해 건전한 정서 발달을 이룰 수 있어야 한다. 이를 위해 교사는 온화하고 수용적인 태도를 보여주어야 하며, 이러한 태도는 교사의 부드러운 목소리와 긍정적인 언어 사용을 통해 영아에게 전달될 수 있다.

평정 기준에서 제시한 예처럼 "하지 마", "안 돼" 등의 부정적인 언어는 매우 위급한 상황에서 영아에게 분명한 의도를 전하기 위해 사용할 수는 있으나, 일반적인 상호작용에서는 가능한 제한되어야 한다. 그리고 "너 자꾸 이러면 나쁜 아이야", "넌 매번 흘리기만 하니?" 등도 영아를 부정적으로 평가하는 언어이다. 교사는 이런 부정적인 표현보다 긍정적인 언어를 사용하도록 한다. "자동차는 안 돼"보다 "흔들말을 타보자", "흘리면 안된다고 그랬지?"보다 "흘리지 말고 먹어보자", "손으로 먹지 마"보다 "숟가락으로 먹어볼까?"와 같은 표현을 사용하도록 해야 한다.

교사가 영아의 행동을 비판하거나 간섭하는 등의 부정적인 언어보다는 긍정적인 언어를 사용하면 3점, 부정적인 언어를 가끔 사용하면 2점, 부정적인 언어를 자주 사용하면 1점에 평정한다.

E-4. 교사는 영아와 이야기를 나눌 때 영아의 눈높이에 맞게 자세를 낮춘다.

점수	평정 기준
3	교사는 영아와 이야기를 나눌 때 항상 영아의 눈높이에 맞게 자세를 낮춘다.
2	영아와 눈높이를 맞추지 않고 이야기를 나누는 경우도 가끔 있다.
1	교사가 영아와 눈높이를 맞추지 않고 이야기하는 경우가 대부분이다.

이 문항은 교사가 영아와 이야기를 나눌 때 영아의 눈높이에 맞게 자세를 낮추고 있는지를 평가하기 위한 것이다. 영아는 교사의 목소리와 언어뿐 아니라 교사가 보여주는 행동에서 자신이 얼마나 존중받는가를 느끼게 된다. 즉 영아는 교사가 자신을 쳐다보면서 이야기할 때 기분 좋게 느끼고, 또한 교사는 영아의 눈을 통해 요구를 빨리 알아차릴 수도 있다. 교사가 다른 곳을 쳐다보거나 다른 일에 집중하면서 이야기를 나눈다면, 영아는 자신의 요구를 교사가 중요하게 생각하지 않는다고 느낄 수 있다. 따라서 교사는 영아가 교사에게 신뢰감을 느낄 수 있도록 영아의 눈을 보고 이야기하도록 한다. 이와 더불어 영아의 이름을 부르면서 이야기하거나 간식 시간과 같은 일상 생활 중에 대화를 나누는 등의 행동을 함께 한다면 영아는 자신이 존중받고 있으며 사랑받고 있다고 느낄 수 있을 것이다.

관찰자는 교사가 영아와 이야기를 나눌 때 영아의 눈높이에 맞게 자세를 낮추고 영아의 눈을 쳐다보면서 대화하고 있는지를 관찰한다. 영아와 이야기를 나눌 때 교사가 항상 영아의 눈높이에 맞게 자세를 낮춘다면 3점, 눈높이를 맞추지 못할 때가 가끔 있다면 2점, 눈높이를 맞추지 않고 이야기하는 경우가 대부분이면 1점에 평정한다.

E-5. 교사는 영아의 탐색 활동에 민감하게 반응하고 상호작용 한다.

점수	평정 기준
3	교사는 영아의 탐색을 위해 허용적인 분위기를 조성하고 탐색 행동을 격려하며, 영아의 리듬과 속도에 맞추어 상호작용을 한다.
2	교사는 허용적인 분위기를 조성하기는 하나, 영아의 속도에 맞추기보다 교사의 의도대로 상호작용을 이끌어간다.
1	교사는 영아의 탐색 행동에 허용적이지 않고 민감하게 반응하지 못한다.

　이 문항은 교사가 영아의 자율적인 탐색 행동을 위해 허용적인 분위기를 만들고 민감하게 상호작용 하는지를 평가하기 위한 것이다. 영아는 탐색 활동을 통해 주변 세계에 대해 배우게 되므로, 교사는 영아의 자율적인 탐색 행동을 지지해주어야 한다. 이때 교사는 영아를 자신의 속도대로 이끌고 가기보다는 영아의 특성과 속도에 맞추어 상호작용을 해야 한다. 이러한 상호작용을 통해 영아의 개인차를 인정하고 배려할 수 있으며, 궁극적으로 영아의 성장을 촉진시킬 수 있다.

　영아반 교사는 영아가 자신의 의도와 욕구에 맞게 환경과 자료를 충분히 탐색할 수 있도록 허용적인 분위기를 조성해주어야 한다. 이를 위해 영아가 선택한 놀잇감이나 활동에 대해 미소로 인정해주고, "○○가 그림책을 보는구나", "○○가 고리 끼우기를 아주 잘하는구나, 또 해볼까?" 등의 언어적인 반응을 통해 격려해준다. 그리고 영아는 반복적인 탐색 행동을 좋아하므로 교사는 영아가 충분한 시간을 갖고 탐색할 수 있도록 영아의 리듬과 속도에 맞추어 기다려주어야 한다. 영아가 원하는 활동보다 교사가 준비한 활동만 허용한다거나, 충분히 탐색할 만한 시간을 주지 않고 새로운 활동을 제시한다면 영아의 탐색 행동을 격려한다고 보기 어렵다.

　교사가 영아의 탐색을 위해 허용적인 분위기를 조성하고 탐색 행동을 격려하며, 영아의 리듬과 속도에 맞추어 상호작용 한다면 3점, 허용적인 분위기를 조성하기는 하나 영아의 속도에 맞추기보다 교사의 의도대로 상호작용을 이끌어간다면 2점, 영아의 탐색 행동에 허용적이지 않고 민감하게 반응하지 못한다면 1점에 평정한다.

E-6. 다른 영아의 활동을 방해하는 영아에게 대안적인 활동을 제공한다.

점수	평정 기준
3	교사는 다른 영아의 놀잇감을 뺏고 활동을 방해하는 영아에게 대안적인 놀잇감을 찾아주거나 다른 재미있는 활동을 제공하여 주의를 돌릴 수 있도록 도와준다.
2	다른 영아를 방해하지 못하게 하고 다른 놀잇감이나 활동을 제공하지만 대안적 활동이 적절하지 못한 경우도 있다.
1	다른 영아를 방해하지 못하게 하나, 대안적인 활동을 제공하지는 않는다.

이 문항은 학급에서 다른 영아의 활동을 방해하는 영아에 대한 교사의 개입을 평가하기 위한 것이다. 영아는 감정의 조절이나 행동의 표현이 미숙하고 자기중심적이며 사회적인 기술이 부족하다. 따라서 자신의 요구를 말로 표현하기보다는 부적절한 행동으로 나타내고, 자기 마음대로 안 될 때에는 저항하기도 한다. 또한 영아들 간에 갈등이나 분쟁이 생기기 쉬우며, 이때 교사가 적절하게 개입하여 상황을 해결해야 한다.

교사는 영아가 좋아하는 장난감을 여러 개 준비하고 공간이 비좁지 않도록 배려하여 영아끼리의 충돌을 사전에 줄일 수 있도록 한다. 그럼에도 불구하고 다른 영아의 장난감을 뺏거나 활동을 방해하는 경우가 생기는데, 이때 교사는 상황을 무시하지 말고 개입하도록 한다. 친구의 장난감을 뺏는 것은 안된다는 규칙을 알려주고, 친구의 놀잇감으로 놀고 싶어하는 영아의 욕구를 언어로 수용해준다(예: "○○도 소방차를 가지고 놀고 싶었구나"). 그리고 기다리기 힘들어하는 영아를 위해 대안적인 활동을 제공한다(예: "대신에 견인차를 갖고 놀면 어떨까?", "친구가 소방차놀이 할 동안 선생님이랑 블록쌓기를 할까?"). 이와 같이 교사가 "안 돼", "기다려" 등의 단순한 지시보다는 영아의 욕구를 수용해주고 다른 놀잇감을 제시하거나 다른 활동으로 주의를 돌려준다면, 영아는 자신의 욕구가 좌절되었다는 느낌에서 벗어나 새로운 활동에 흥미를 가질 수 있다.

교사가 위에서 서술한 것처럼 적절한 방식으로 개입한다면 3점, 다른 영아를 방해하지 못하게 하고 대안을 제시하는 등 개입은 하였으나 그 대안 활동이 적절하지 못하다면 2점에 평정한다. "안 돼", "싸우지 마"라고만 말하거나 영아들을 서로 떼어놓기만 하는 등 단순히 다른 영아를 방해하지 못하게 하는 데 주력하고 대안 활동을 제공하지 못하면 1점에 평정한다.

E-7. 영아의 세수하기, 옷 입기, 머리 빗기 등을 교사가 돌봐주거나 지도한다.

점수	평정 기준
3	영아의 세수하기, 옷 입기, 머리 빗기 등을 교사가 돌봐주거나 지도한다. (특히 낮잠, 실외놀이 후, 식사 시간 후)
2	세수하기, 옷 입기, 머리 빗기 등을 돌봐주지 못하는 경우가 가끔 있다.
1	세수하기, 옷 입기 등을 교사가 돌봐주지 못한다.

이 문항은 하루일과 동안에 교사가 영아의 외모를 돌봐주거나 지도하는지를 평가하기 위한 것이다. 영아는 세수하기나 옷 입기, 머리 빗기 등의 자조 기술면에서 미숙하므로 성인의 도움을 필요로 한다. 따라서 교사는 때때로 영아의 외모를 살펴보며 필요할 때 적절한 도움을 주고 이를 긍정적인 학습의 기회로 이용해야 한다. 이러한 교사의 일상적 양육을 통해 영아는 자신의 신체 조절과 건강, 자조 기술, 독립심과 책임감을 기를 수 있고 더 나아가 긍정적인 자아 개념을 발달시킬 수 있다.

일반적으로 하루 일과를 통해 일상적 양육이 필요한 시기는 다음과 같다. 교사는 영아들이 낮잠을 자기 전에 미리 화장실을 다녀오게 함으로써 스스로 배변을 조절할 수 있도록 한다. 또한 영아들이 낮잠을 자고 난 후에는 세수하기와 머리 빗기의 과정을 돌봐주거나 스스로 할 수 있도록 도와준다. 실외놀이 후에는 영아들이 더러워진 몸을 씻거나 젖은 옷을 갈아입을 수 있도록 돌봐주며 점심 식사 후에는 바르게 이닦기를 할 수 있도록 도움을 주고 점차 스스로 해볼 수 있도록 지도한다.

이와 같이 하루일과를 통해 교사가 모든 영아의 세수하기, 옷 입기, 머리 빗기 등을 돌봐주거나 지도하면 3점으로 평정한다. 만일 교사가 일부 영아의 외모를 돌봐주지 못하는 경우가 가끔 있다면 2점, 영아의 외모를 거의 돌봐주지 못한다면 1점으로 평정한다.

E-8. 교사는 교사 주위에 있지 않은 영아를 수시로 확인하며, 학급 전체 상황을 관찰한다.

점수	평정 기준
3	교사는 영아들이 어디에 있는지 수시로 확인하며, 학급 전체에서 일어나는 상황을 관찰하고 있다.
2	교사는 교사 주위에 있는 영아 외의 학급 전체 상황을 관찰하지 못하는 경우가 가끔 있다.
1	교사와 함께 있는 영아에게만 시선을 집중한다.

이 문항은 교사가 주위에 있지 않은 영아를 수시로 확인하며 학급 전체 상황을 관찰하는지 평가하기 위한 것이다. 영아는 성인에게 의존하는 경향이 크므로 교사 주변에는 항상 많은 영아들이 모여 있게 된다. 그렇다고 해서 교사가 함께 있는 영아에게만 시선을 집중한다면 교사의 시야에서 벗어나 있는 영아나 개별적인 도움을 필요로 하는 영아에게 적절히 반응할 수 없게 된다. 특히 영아는 문제 상황에 대한 대처 능력이 낮으므로 위험 상황에 쉽게 노출될 수 있다. 따라서 교사는 보육실 내에서 발생하는 일을 파악하고 영아가 위험하거나 도움이 필요한 상황에 신속히 대처할 수 있도록 보육실 전체 상황을 수시로 관찰하도록 한다.

영아반의 전체 상황에 대한 관찰을 위해서 무엇보다도 교사는 항상 보육실 전체가 보이는 곳에 위치하여 영아와 함께 활동하면서 활동에 방해가 되지 않는 한 고개를 들어 보육실 전체를 관찰한다. 이를 통해 교사의 시야에서 벗어나 있는 영아는 없는지, 놀잇감을 위험하게 사용하지 않는지, 영아들 간에 다툼이 일어나지 않는지를 수시로 확인하고 도움이 필요한 상황에 적절히 대처할 수 있어야 한다.

이와 같이 교사가 영아들이 어디 있는지 수시로 확인하며 보육실 전체에서 일어나는 상황을 관찰하는 경우는 3점으로 평정한다. 교사가 자기 주위에 있는 영아 외의 보육실 전체 상황을 관찰하지 못하는 경우가 가끔 있다면 2점으로 평정한다. 그러나 교사가 함께 있는 영아에게만 시선이 집중되어 있는 경우는 1점으로 평정한다.

E-9. 교사는 등·하원시 유아를 따뜻하게 대한다.

점수	평정 기준
3	유아를 항상 따뜻하게 대한다.
2	유아를 따뜻하게 대하지 못할 때가 가끔 있다.
1	유아를 따뜻하게 대하지 않는다.

이 문항은 유아반에서 교사가 등·하원시 유아를 따뜻하게 맞이하고 보내는지를 평가하기 위한 것이다. 등·하원 시간에 교사가 유아를 따뜻하게 대하는 것은 유아에게 관심을 표현하는 좋은 방법이며, 정서적으로 안정감을 줄 수 있다. 특히 등원 시간은 교사가 유아를 만나는 첫 시간으로 어린이집에서 즐거운 하루를 보내려면 유아를 따뜻하게 맞이하는 것이 중요하다. 또한 하원 시간은 어린이집의 일과가 종료되는 시간으로 유아가 하루를 잘 마무리하고 가정으로 돌아갈 수 있도록 교사가 도움을 주어야 한다. 이 과정을 통해 교사는 유아에게 개별적인 관심을 보임으로써 유아가 존중받고 있음을 느끼도록 해야 한다.

등·하원시 교사가 유아를 따뜻하게 대하는 경우는 다음과 같다. 유아가 보육실에 들어서면 교사가 밝은 표정과 미소를 띠고 "○○ 왔구나"라고 유아의 이름을 부르며 반갑게 맞이한다. 만일 등원 시간에 보호자와의 분리 과정에서 유아가 불안해하는 경우에는 유아가 안정할 수 있도록 잠시 기다린 후 교사가 유아를 안아주며 부모와의 헤어짐을 덜 불안하게 느끼도록 해준다. 또 하원시에도 교사는 유아가 부모를 반갑게 맞이할 수 있도록 도움을 준다. 만일 다른 유아의 보호자들이 오는 것을 보고 남아 있는 유아가 심리적으로 불안해한다면 교사는 그들에게 특별히 정서적인 지원을 해줄 수 있다. 특히 이 문항은 하루일과중 등원 시간과 하원 시간에만 관찰이 가능하므로 어린이집의 방문과 동시에 등원시의 교사 행동을 평가하도록 한다.

이와 같이 교사가 등·하원시에 유아를 따뜻하게 대하면 3점으로 평정한다. 그러나 등·하원시에 유아를 따뜻하게 대하지 못할 때가 가끔 있다면 2점, 전혀 그렇지 못하다면 1점으로 평정한다.

E-10. 교사는 유아와 긍정적인 신체적 상호작용을 한다.

점수	평정 기준
3	교사는 유아와 미소 짓기, 안아주기, 쓰다듬기 등의 긍정적인 신체적 상호작용을 자주 한다.
2	교사는 긍정적인 신체적 상호작용을 가끔 한다.
1	교사는 긍정적인 신체적 상호작용을 거의 하지 않는다.

이 문항은 유아반 교사가 유아와 긍정적인 신체적 상호작용을 하는지 평가하기 위한 것이다. 유아는 성인과의 긍정적인 신체적 상호작용을 통해 자신이 수용되고 있으며 존중받고 있음을 느낀다. 유아가 성장하면서 교사는 신체적인 반응보다 언어적인 반응을 더 많이 보인다. 그러나 유아기에도 계속해서 신체적인 접촉을 통해 교사의 관심을 전달하는 것이 중요하며 어느 시기이든 교사의 행동이나 비언어적인 의사소통 방법, 즉 표정·목소리·몸짓·눈빛 등은 유아가 수용되고 있음을 보여주는 효과적인 방법이다.

일반적으로 교사가 보이는 긍정적인 신체적 상호작용의 예는 다음과 같다. 유아를 만나면 눈을 마주치고 미소를 지음으로써 유아에게 관심이 있음을 보여줄 수 있다. 또한 정서적인 지지가 필요한 경우에는 유아를 안아주거나 등을 쓰다듬어 줌으로써 안정감이나 자신감을 갖도록 격려할 수 있다. 그 외에도 유아와 대화할 때 부드럽고 친근한 목소리를 사용하여 유아가 존중받고 있음을 느끼게 할 수 있다.

이와 같이 하루일과 동안 교사가 유아와 긍정적인 신체적 상호작용을 자주 하는 경우는 3점으로, 교사가 긍정적인 신체적 상호작용을 가끔 하는 경우는 2점으로 평정한다. 그러나 유아에게 무표정하거나 신체적 상호작용이 필요한 경우에도 말로만 반응하거나 무관심하게 지나치는 등 긍정적인 신체적 상호작용을 거의 하지 않는다면 1점으로 평정한다.

E-11. 교사는 유아와 이야기를 나눌 때, 유아의 눈높이에 맞게 자세를 낮춘다.

점수	평정 기준
3	교사는 유아와 이야기를 나눌 때 항상 유아의 눈높이에 맞게 자세를 낮춘다.
2	유아와 눈높이를 맞추지 않고 이야기를 나누는 경우도 가끔 있다.
1	교사가 유아와 눈높이를 맞추지 않고 이야기하는 경우가 대부분이다.

이 문항은 교사가 유아와 이야기를 나눌 때 유아의 눈높이에 맞게 자세를 낮추고 있는지를 평가하는 것이다. 교사는 유아와 이야기할 때 유아와 눈을 맞춤으로 친밀감과 수용적인 태도를 보여주고 유아가 편안하게 이야기할 수 있는 여건을 마련해주어야 한다. 이를 위해 교사는 유아의 이야기를 듣거나 이야기를 전달할 때 유아와 눈높이를 맞추는 것이 필요하다.

교사가 유아와 이야기를 나눌 때의 적절한 자세는 유아 가까이에 가서 유아의 얼굴을 마주하고, 무릎을 구부리거나 자세를 낮추어 눈을 바라보며 이야기하는 것이다. 관찰자는 교사가 이야기할 때 누구에게 이야기하는지 불분명하게 유아의 등 뒤에서 말하는지, 유아를 위에서 내려다보며 이야기하여 유아가 고개를 쳐들고 교사를 바라보는지 등을 관찰하여 평가한다. 이 문항은 자유선택활동 시간, 전이 활동, 집단 활동 시간 동안 모두 관찰 가능하며 유아와 대화할 때 교사가 보여주는 자세를 기초로 평가하도록 한다.

이와 같이 교사가 유아와 이야기를 나눌 때 항상 유아의 눈높이에 맞게 자세를 낮추는 경우는 3점으로 평정한다. 교사가 대부분 유아의 눈높이에 맞게 자세를 낮추고 이야기를 하지만 경우에 따라 눈높이를 맞추지 않는 경우도 있을 때에는 2점으로 평정한다. 반면 교사가 유아와 이야기를 할 때 눈높이를 맞추지 않는 경우가 대부분일 때에는 1점으로 평정한다.

E-12. 교사는 유아와 개별적으로 대화를 나눈다.

점수	평정 기준
3	교사는 일과 중 거의 모든 유아와 개별적으로 이야기를 나눈다. (예: 가족 이야기, 그 날의 옷차림에 대하여)
2	교사가 유아 중 일부와 개별적으로 이야기를 나눈다.
1	교사는 유아와 개별적으로 이야기를 나눌 기회가 거의 없다.

이 문항은 교사가 하루일과 중 거의 모든 유아와 개별적인 대화를 나누고 있는지를 평가하기 위한 것이다. 교사가 유아와 개별적으로 대화를 나누는 것은 유아와 친밀한 관계를 형성하는 좋은 방법이며 이를 통해 유아는 자신이 수용되고 있음을 느끼게 된다. 따라서 교사는 하루일과를 통해 유아와 개별적으로 대화를 나눌 수 있는 기회를 자주 마련하도록 한다.

교사가 유아와 개별적으로 대화를 나눌 수 있는 기회는 다양하다. 교사는 하루일과를 통해 유아의 가족과 관련된 이야기, 그 날 입고 온 유아의 옷차림에 대한 이야기, 주말이나 여름 휴가를 지낸 이야기, 유아의 건강 상태, 집에서 키우는 애완 동물이나 유아가 좋아하는 놀잇감 등 일상적인 생활을 주제로 이야기를 나눌 수 있다. 또한 보육실에서 생활주제를 진행하면서 다양한 활동에 대한 유아의 요구와 흥미, 기대, 의견을 함께 이야기할 수 있다. 그 외에도 보육실의 규칙, 유아의 느낌이나 생각, 친구 관계, 문제 해결이나 기본 생활 습관과 관련된 상황에서도 개별적으로 이야기를 나눌 수 있다.

이와 같이 교사가 일과 중 기회가 생길 때 거의 모든 유아와 개별적인 대화를 나누고 있다면 3점으로 평정한다. 그러나 교사가 유아와 개별적인 대화를 나눌 기회가 적어 유아 중 일부하고만 개별적으로 이야기를 나누면 2점으로 평정한다. 교사가 유아와 개별적으로 이야기를 나눌 기회가 거의 없는 경우는 1점으로 평정한다.

E-13. 교사가 전달하는 말은 유아가 이해할 수 있도록 간결하고 명료하다.

점수	평정 기준
3	교사가 유아에게 전달하는 말은 간단하고 분명하여 유아가 쉽게 이해할 수 있다(예: 짧고, 주어와 동사가 분명한 문장).
2	교사의 말이 분명하지 않고, 설명이 길 때가 가끔 있다.
1	교사의 말이 어렵고, 지나치게 설명이 길다.

　이 문항은 유아가 이해할 수 있도록 교사가 간결하고 명료한 말을 사용하여 유아의 의사소통 기술을 지원하는지 평가하기 위한 것이다. 유아기에는 영아기와 달리 성인이나 또래와 대화가 가능하고 대화에 지속적인 관심을 갖고 참여하는 등 언어를 이해하는 능력이 급속히 신장된다. 따라서 교사는 유아의 사고 수준을 고려하여 올바른 언어 모델을 제시함으로써 유아의 의사소통 기술을 발달시킬 수 있다.

　교사가 유아에게 전달하는 말은 간단하고 분명하여 유아가 쉽게 이해할 수 있어야 한다. 즉, 문장은 짧되 주어와 동사가 분명한 문장을 사용하도록 한다. 적절한 예를 들어보면 "○○가 인형을 정리하고 있구나!", "○○는 그림을 보면서 어떤 생각을 했니?", "야! 정말 맛있는 냄새가 나는구나! 우리 함께 먹어볼까?"와 같이 전달하려는 내용이 분명하고 문장이 길지 않은 것이 바람직하다.

　이와 같이 교사가 유아에게 전달하는 말이 대부분 유아의 수준에 맞게 간단하고 분명하여 유아가 쉽게 이해할 수 있는 경우는 3점으로 평정한다. 만일 문장에서 중요한 주어나 동사가 생략되어 내용이 모호하거나 설명이 길어 유아가 이해하지 못하는 경우가 가끔 관찰되면 2점으로 평정한다. 그러나 교사의 말이 대부분 어렵고 지나치게 설명이 길 때는 1점으로 평정한다.

E-14. 교사는 유아를 긍정적인 방법을 사용하여 지도한다.

점수	평정 기준
3	유아를 지도할 때 비판이나 위협 등 부정적인 방법을 사용하기보다 칭찬과 격려 등 긍정적인 방법을 주로 사용한다.
2	긍정적인 방법과 함께 부정적인 방법도 가끔 사용한다.
1	긍정적인 방법보다 부정적인 방법을 더 사용한다.

이 문항은 교사가 유아의 행동을 지도할 때 긍정적인 방법을 사용하는지를 평가하는 것이다. 유아를 지도한다는 것은 교사가 유아에게 바람직한 행동을 제안하고 바람직하지 못한 행동은 하지 않도록 안내하는 것이다. 교사는 유아를 지도할 경우에 비판이나 위협 등 부정적인 방법보다는 칭찬이나 격려 등 긍정적인 방법을 사용하여 지도하도록 한다. 이와 같은 교사의 지도 방법을 통해 유아는 바람직한 행동과 긍정적인 자아 개념을 형성할 수 있게 된다.

교사는 유아를 지도할 때 유아의 바람직한 행동을 칭찬하고 격려하는 등 긍정적인 표현과 대안의 제시가 필요하다. 예를 들어 "우리 친구들 ~ 하는 것이 어떨까?", "참 재미있는 생각을 했구나", "열심히 정리했구나", "~하면 더 잘할 수 있을 거야" 등의 표현과 쓰다듬기, 다독거리기 등의 행동을 들 수 있다. 반면 부정적인 방법을 사용하는 경우는 비판과 위협을 포함한 지도 방법이라고 할 수 있다. 예를 들어 "~ 하지마", "~는 안돼", "엉망으로 했구나", "또 그러면 혼자 있게 할 거야" 등의 표현과 힘을 주어 유아를 잡거나 잡아당기는 등의 행동이 포함된다. 이 문항은 관찰 시간 동안 보여준 교사의 언어와 행동을 모두 고려하여 평가하도록 한다.

위의 예와 같이 교사가 유아를 지도할 때 긍정적인 방법을 주로 사용하는 경우는 3점으로 평정을 한다. 교사가 긍정적인 방법과 부정적인 방법을 함께 사용하고 있는 경우는 2점으로 평정한다. 반면 교사가 부정적인 방법을 더 많이 사용하고 있는 경우는 1점으로 평정한다.

E-15. 교사는 유아 간의 갈등이나 문제 해결을 위해 적절히 개입한다.

점수	평정 기준
3	교사는 유아 간의 갈등이나 문제가 있는 경우 유아가 스스로 해결할 수 있도록 지도하며, 필요한 경우 적절히 개입한다.
2	유아 간의 갈등이나 문제를 유아가 스스로 해결하기보다 교사가 해결해주는 경우가 가끔 있다.
1	유아 간의 갈등이나 문제를 주로 교사가 해결한다.

이 문항은 교사가 유아 간의 갈등이나 문제 해결 상황에 적절하게 개입하고 있는지 평가하는 것이다. 유아간에 나타날 수 있는 갈등이나 문제 해결 상황에서 유아는 해결 과정을 경험하고, 이런 문제 상황을 학습의 기회로 삼아 사회적 기술을 익히게 된다. 그러므로 교사는 갈등이나 문제 해결 과정에서 교사 자신이 직접 해결해주기보다 유아가 스스로 해결할 수 있도록 기회를 만들어주고 적절한 해결의 모델을 보여줄 필요가 있다.

유아 간의 갈등이나 문제가 발생할 때 교사는 먼저 두 유아의 입장을 모두 이야기할 수 있는 기회를 주고 교사가 상황을 판단하기보다 유아가 서로의 입장을 이해할 수 있도록 한다. 이때 교사는 각자의 입장을 객관적으로 열거해준 후 스스로 대안을 생각할 수 있도록 해준다. 예를 들어 "○○는 이런 생각을 했는데 ○○는 저런 생각을 했구나. 그럼 같이 놀이하려면 어떤 방법이 있겠니?", "○○는 이래서 화가 나고, ○○는 저래서 화가 났구나. 다시 기분이 좋아지려면 어떻게 하면 될까?" 등이다. 또한 유아가 교사에게 해결해주길 원하는 경우에는 유아 스스로 문제에 직면하여 해결 방안을 찾도록 지도한다. 예를 들어 "혹시 ○○에게 직접 네 생각을 이야기해 보았니? ○○도 네 생각을 안다면 다시 함께 놀자고 할지 모르지" 등이다.

이와 같이 교사가 유아 간의 갈등이나 문제가 발생했을 때 스스로 해결하도록 지도하고 적절히 개입하고 있다면 3점에 평정한다. 교사가 유아 스스로 해결하도록 지도하기보다 교사가 해결해주는 경우가 가끔 있는 경우는 2점으로 평정한다. 예를 들어 "누가 먼저 놀이했니? 그럼 ○○가 먼저 놀이하고, ○○는 다음에 놀이하자" 등과 같이 교사가 직접 해결하는 경우이다. 한편 유아가 스스로 해결 방법을 경험하기보다 교사가 주로 해결하는 경우는 1점으로 평정한다.

E-16. 교사는 유아와 개별적으로 또는 소집단으로 활동할 때 학급 전체 상황을 수시로 관찰
한다.

점수	평정 기준
3	교사는 모든 유아를 수시로 관찰하여 학급 전체에서 일어나는 상황을 파악하고 있다.
2	교사는 학급 전체에서 일어나는 상황을 관찰하지 못하는 경우가 가끔 있다.
1	교사는 학급 전체 상황을 관찰하지 않는다.

이 문항은 교사가 유아와 개별적으로 또는 소집단으로 활동할 때 학급 전체 상황을 수시로 관찰하고 있는지 평가하기 위한 것이다. 교사는 개별 유아나 소집단 유아와 활동하고 있더라도 유아의 안전과 관련하여 또는 유사시의 상황에 대처하기 위해 수시로 보육실 전체를 관찰하는 것이 중요하다. 이를 통해 보육실 내에서 발생하는 일을 파악하고 유아가 위험하거나 도움이 필요한 상황에 신속하게 대처할 수 있게 된다.

교사는 유아반 전체 상황을 파악하기 위해서 무엇보다도 보육실 전체가 보이는 곳에 위치하면서 유아와 활동하고 활동에 방해가 되지 않는 한 고개를 들어 보육실 전체를 관찰하고 있어야 한다. 반면 교사가 상호작용하고 있는 주위의 유아들에게만 관심을 두어 보육실 밖으로 유아가 나가는 일은 없는지, 보육실 내에서 유아 간 갈등이 생겨도 교사가 알지 못하는 경우가 있는지 등을 관찰하여 평가한다.

이와 같이 교사가 유아를 수시로 관찰하여 보육실 전체를 파악하고 있는 경우는 3점으로 평정한다. 교사가 개별 또는 소집단 활동에 열중하여 보육실에서 일어나는 상황을 관찰하지 못하는 경우가 가끔 있다면 2점으로 평정한다. 그러나 교사가 상호작용하고 있는 유아에게만 관심을 두고, 보육실 전체를 파악하고 있지 않다면 1점으로 평정한다. 또한 보육실에 유아만 남겨두고 교사가 수시로 보육실 밖으로 나가는 경우도 1점에 해당된다.

E-17. 교사는 유아와 함께 놀이에 참여하면서 즐긴다.

점수	평정 기준
3	교사는 유아와 함께 놀이에 참여하고 이를 즐긴다.
2	유아와 함께 놀이에 참여하지만, 즐기지 않을 때도 있다.
1	유아의 놀이에 거의 참여하지 않는다.

이 문항은 교사가 유아와 함께 적극적으로 놀이에 참여하고 있으며 이를 즐기는지 평가하기 위한 것이다. 교사가 유아의 놀이에 적극적으로 참여하고 개입하는 것은 보육실의 분위기를 항상 활기차고 즐겁게 만든다는 점에서 중요하다. 그러므로 교사는 유아와의 놀이에서 관찰자나 방관자로 있기보다 놀이의 역할을 담당하여 개입하고 교사가 이를 즐김으로써 유아의 놀이를 이해하게 되고 기쁨을 공유하게 된다.

교사가 유아의 놀이에 참여할 때 교사가 개별 혹은 소집단의 유아와 긴밀하게 상호작용하며 놀잇감을 함께 사용하고, 놀이 친구로서 역할을 맡게 된다. 이때 교사의 표정에 미소나 웃음이 나타나면 즐기고 있다고 볼 수 있다.

교사가 유아와 함께 놀이에 참여하고 이를 즐기는 행동이 관찰되면 3점으로 평정한다. 한편 유아와 함께 놀이에 참여하기는 하지만 소극적으로 참여하고 즐기지 않을 때는 2점으로 평정한다. 교사가 유아의 놀이에 관심이 없거나, 놀이 시간 동안 집단 활동 준비를 하고 있는 등 유아의 놀이에 거의 참여하고 있지 않은 경우는 1점으로 평정한다.

E-18. 교사는 유아의 놀이를 지속시키고 확장시키기 위한 상호작용을 한다.

점수	평정 기준
3	교사는 놀이를 지속시키고 확장시키기 위해 필요한 자료를 제공하거나 제언을 한다.
2	교사는 놀이에서 주로 단순한 반응을 한다.
1	유아의 놀이에 개입하지 않거나 부적절한 반응을 한다.

이 문항은 교사가 유아의 놀이를 지속시키고 확장하기 위해 필요한 자료를 제공하거나 제언을 하고 있는지 평가하기 위한 것이다. 유아의 자발적인 놀이는 교사가 적절한 자료를 제공하거나 새로운 생각을 첨가시켜 줌으로써 더욱 지속되고 확장될 수 있다. 이를 통해 놀이 수준이 향상되고 궁극적으로 유아의 전반적인 발달에 영향을 주게 된다. 그러므로 교사는 놀이 시간 동안 유아의 놀이를 주의깊게 관찰하다가 필요한 경우에 개입하여 도움을 주는 것이 필요하다. 이때 유의할 점은 교사가 의도하는 방향으로 유아의 놀이를 일방적으로 이끌지 않도록 해야 한다.

교사가 유아의 놀이를 지속시키고 확장시키기 위해 적절히 개입하는 예를 보면 다음과 같다. 교사는 유아의 놀이가 단순히 반복되어 흥미가 떨어진 시점이나 주제가 변화되려고 하는데 적절한 자료를 찾지 못할 때, 필요한 자료를 제공하거나 제언할 수 있다. 예를 들어 역할놀이 영역에서 엄마놀이를 반복하여 흥미가 떨어진 경우에 교사는 "어머! 여기 돗자리가 있네. ○○엄마, 혹시 돗자리 필요하지 않나요?"하며 소풍놀이나 잔치놀이로 연결시킬 수 있다. 또한 "멀리 소풍을 가려면 어떻게 하지?"하며 쌓기놀잇감으로 자동차, 배, 비행기를 구성하여 여행놀이로 확장할 수도 있다. 또한 쌓기놀이 영역에서 자동차 굴리기를 반복하는 경우 주유소놀이와 연결하도록 모형 주유기나 계산기 등을 제공하고 비탈길을 구성하여 자동차 경주놀이로 확장할 수도 있다.

이와 같이 교사가 유아의 놀이를 지속시키고 확장시키기 위해 자료를 제공하거나 제언을 하는 경우는 3점으로 평정한다. 반면 교사가 자료의 제공이나 놀이의 제안 없이 "응, 그래", "멋있구나" 등 단순 반응만 하는 경우는 2점으로 평정한다. 유아의 놀이에 관심이 없어 개입하지 않거나 오히려 "그만 정리하자" 등 부적절한 반응을 할 경우는 1점으로 평정한다.

참고문헌

강숙현 (1994). 유아교육 프로그램 평가척도의 이해와 활용. 서울: 동문사.

권영례·이영자·Harms (1999). 유치원과 초등학교 저학년 교육 환경 평가척도 개발 연구. 교육학연구, 37 (3), 341-364.

이기숙 (1989). 한국 유아교육 기관의 질적 분석 기준 개발에 관한 연구. 논총(한국문화연구원), 55, 295-320.

이대균·이기우 (1999). 유치원 기관 평가 도구 개발을 위한 연구. 열린유아교육연구, 4 (1), 213-235.

이영석 (1990). 한국 유아교육 시설 기관의 표준 평가척도 개발에 관한 예비 연구. 성균관대학교 사회과학, 29 (2), 169-221.

이영자·Harms·권영례 (1998). 유치원과 초등학교 저학년 교육 환경 평가척도 개발 예비 연구. 초등교육연구, 12 (1), 141-160.

이 옥 (2000). 보육시설 인증제 도입에 따른 평가 항목 개발 연구의 성과와 과제. 한국영유아 보육학, 21, 11-37.

이은해 (2002). 보육시설 프로그램 평가 도구의 개발과 타당화. 영유아 교육 기관의 인정제, 삼성복지재단과 이화여대 유아교육학과 BK21 핵심 연구팀 공동 주최 국제학술대회 자료집, pp. 93-130.

이은해·송혜린·신혜영 (2001). 삼성 어린이집 운영 및 프로그램 평가 도구 개발 연구. 삼성복지재단.

이은해·송혜린·신혜영·최혜영 (2002). 어린이집 프로그램 평가척도의 개발을 위한 예비 연구. 한국아동학회지, 23(4), 199-213.

이은해·이기숙 (1994). 유아교육 프로그램 평가척도 개발에 관한 예비 연구. 아동학회지, 15 (1), 5-21.

이은해·이기숙 (1995). 유아교육 프로그램 평가척도의 타당화 연구. 유아교육 연구, 16 (1), 157-178.

이은해·이기숙 (1996). 유아교육 프로그램 평가척도: 교사를 위한 활용 지침서. 서울: 창지사.

임재택 (1983). 유아교육 환경 평정척도의 표준화를 위한 예비 연구. 교육논집(부산대학교 사범대학), 10, 107-143.

임재택·조희숙·황해익 (1996). 영유아 보육 프로그램의 진단·평가척도 개발 연구. 성곡논총, 29 (4), 401-500.

정기원·오미영·안현애 (1995). 보육시설 평가 기준 및 평가 체계 개발. 한국보건사회 연구원.

최경애 (2000). 보육시설의 영아기 프로그램 평가척도 개발을 위한 기초 연구: 영아 보육 프로그램 평가 및 운영 실태 조사. *사회과학연구(덕성여자대학교), 6,* 191-214.

Abbott-Shim, M., & Sibley, A. (1987). *Assessment Profile for Early Childhood Programs.* Atlanta, GA: Quality Assist.

Bredekamp, S., & Willer, B. A. (1996). *NAEYC accreditation: A decade of learning and the years ahead.* Washington, DC: NAEYC.

Gullo, D. F. (1994). *Understanding assessment and evaluation in early childhood education.* New York: Teachers College Press.

Harms, T., & Clifford, R. M. (1989). *Family Day Care Rating Scale.* New York: Teachers College Press.

Harms, T., Clifford, R. M., & Cryer, D. (1998). *Early Childhood Environment Rating Scale(Rev. ed.).* New York: Teachers College Press.

Harms, T., Cryer, D., & Clifford, R. M. (1990). *Infant/Toddler Environment Rating Scale.* New York: Teachers College Press.

Katz, L. G. (1992). Early childhood programs: Multiple perspectives on quality. *Childhood Education, 69* (2), 66-71.

NAEYC (1998). *Accreditation Criteria and Procedures of the National Association for the Education of Young Children, 1998 Edition.* Washington, DC: Author.

Spodek, B., & Saracho, O. N. (Eds.) (1997). *Issues in early childhood educational assessment and evaluation.* New York: Teachers College Press.

부록

〈부록 1〉

어린이집 프로그램 관찰척도

A. 물리적 환경

A-1. 보육실 공간이 영유아가 활동하기에 충분히 넓다.
　③ 모든 보육실 공간이 영유아가 활동하기에 충분히 넓다.
　② 영유아가 활동하기에 충분히 여유 있는 보육실의 수가 전체 보육실의 절반 이상이다.
　① 영유아가 활동하기에 충분히 여유 있는 보육실의 수가 전체 보육실의 절반 미만이다.

A-2. 실내 공간에는 환기, 조명, 냉방 및 난방 시설이 잘 되어 있다.
　③ 환기, 조명, 냉방 및 난방 시설이 모두 잘 되어 있어 쾌적한 환경을 유지한다.
　② 위의 시설 중 1가지는 잘 되어 있지 않다.
　① 위의 시설 중 2가지 이상이 잘 되어 있지 않다.

A-3. 보육 활동 지원을 위한 공간과 설비가 마련되어 있다.
　③ 보육 활동 지원을 위한 유아용 화장실, 유희실, 식당, 부모용 대기 공간 등이 있다.
　② 유아용 화장실은 있으나 유희실, 식당, 부모용 대기 공간 중 일부의 공간만 있다.
　① 유아용 화장실은 있으나 보육 활동 지원을 위한 별도의 공간이나 설비가 없다.

A-4. 교직원에게 필요한 시설 및 설비가 마련되어 있다.
　③ 교직원에게 필요한 교사실, 성인용 화장실, 휴식 공간(예: 소파), 개인 사물함
　　(예: 옷장, 보관용 서랍장) 등이 있다.
　② 교사실과 성인용 화장실은 있으나 휴식 공간, 개인 사물함 중에서 일부의 시설 및
　　설비만 있다.
　① 성인용 화장실은 있으나 교직원에게 필요한 다른 시설이 거의 없다.

A-5. 비품과 교육 자료의 보관을 위한 장소가 마련되어 있다.
　③ 현재 사용하지 않는 비품과 교육 자료를 보관할 창고 또는 자료실이 있다.
　② 창고 또는 자료실이 있으나 보관할 장소가 부족하다.
　① 보관할 창고나 자료실이 따로 없다.

A-6. 출입문과 창문의 상태는 안전하다.
　③ 현관과 보육실 등 출입문과 창문의 상태가 모두 안전하다.
　　(영유아의 보행을 방해하지 않는 문턱, 작동이 부드러운 출입문, 출입문에 손가락 끼임
　　방지를 위한 완충제 부착, 창문 유리가 파손되어 있지 않음)
　② 출입문과 창문의 상태가 대체로 안전하나 부분적으로 안전이 우려되는 곳이 있다.
　① 출입문이나 창문의 상태가 안전하지 못하다.

A-7. 실내 시설 · 설비는 안전하고 수리가 잘 되어 있다.
　③ 실내 시설 · 설비에 날카로운 면이나 위험한 돌출 부위가 없고 견고하며 파손된
　　부분이 없다.
　② 실내 시설 · 설비가 대체로 안전하나 수리를 필요로 하는 부분이 있다.
　① 실내 시설 · 설비에 위험한 요인이나 수리를 필요로 하는 부분이 분명히 있다.

A-8. 실외 시설 · 설비는 안전하고 수리가 잘 되어 있다.
　③ 실외 시설 · 설비에 날카로운 면이나 위험한 돌출 부위, 위험물이 없고 견고하며
　　파손된 부분이 없다.
　② 실외 시설 · 설비가 대체로 안전하나, 수리를 필요로 하는 부분이 있다.
　① 실외 시설 · 설비에 위험한 요인이나 수리를 필요로 하는 부분이 분명히 있다.

A-9. 실외 공간은 다양한 활동이 가능하도록 구성되어 있다.
　③ 실외 공간은 대근육 운동, 물 · 모래 놀이, 자연관찰 등 다양한 활동이 가능하도록
　　구성되어 있다.
　② 실외 활동이 부분적으로만 가능하다.
　① 실외 활동 공간이 없거나 어느 1종류만 가능하다.

A-10. 실외 바닥은 다양한 표면으로 되어 있다.
　③ 실외 바닥은 흙, 잔디, 모래, 콘크리트 등 다양한 표면으로 되어 있다.
　② 실외 바닥은 주로 1종류로 되어 있으나 다른 표면도 일부 있다.
　① 실외 바닥은 1종류의 재질로만 되어 있다.

A-11. 영유아의 조작과 탐구 활동을 촉진시킬 수 있는 물·모래놀이 설비가 마련되어 있다.

③ 영유아의 조작과 탐구 활동을 촉진시킬 수 있도록 물놀이대, 모래상자 또는 모래밭, 급·배수 시설 등의 다양한 설비가 있다.

② 물·모래놀이 설비 중 1, 2가지만 있다.

① 물·모래놀이 설비가 없다.

B. 건강·안전·영양

B-1. 보육실을 제외한 실내 시설이 청결하다.

③ 보육실을 제외한 실내 시설(현관, 복도, 공유 공간)이 모두 청결하다.

② 실내 시설의 청결 상태가 미흡한 곳이 있다.

① 실내 시설이 청결하지 못하다.

B-2. 화장실과 세면장이 청결하며 세면장에는 깨끗한 수건과 비누 등이 정리되어 있다.

③ 화장실과 세면장이 청결하며 깨끗하고 마른 수건(또는 일회용 수건)과 비누가 항상 비치되어 있다.

② 화장실과 세면장의 청결 및 수건과 비누의 비치 상태가 부분적으로 미흡하다.

① 화장실과 세면장이 불결하며 비누가 없거나 수건이 젖어 있다.

B-3. 보육실은 청결하고 환기가 되어 있으며 습도가 적절하게 유지된다.

③ 보육실은 청결하고 환기가 잘 되어 있으며 습도를 조절하기 위해 가습기 또는 제습기(에어컨) 등을 사용한다.

② 보육실은 청결하나 환기와 습도 조절이 미흡하다.

① 보육실의 청소 상태가 청결하지 못하다.

B-4. 기저귀갈기 영역에는 필요한 용품이 구비되어 있고, 사용한 기저귀는 청결하게 처리한다.

③ 기저귀갈기 영역에는 방수요, 물수건, 종이 기저귀, 기저귀 팬티 등 필요한 용품이 항상 구비되어 있고 사용한 기저귀는 청결하게 처리한다.

② 필요한 용품이 일부 구비되어 있지 않거나 사용한 기저귀가 청결하게 처리되지 못할 때도 있다.

① 기저귀갈기 영역이 없거나 필요한 용품이 구비되어 있지 않다.

B-5. 주방 내의 급식 설비가 청결하고, 식기류는 건조하게 보관된다.
　③ 주방 내의 급식 설비가 청결하고, 식기류(예: 컵, 수저, 식판, 간식용 접시)는 건조하게 보관된다.
　② 급식 설비와 식기류의 청결 및 건조 상태가 부분적으로 미흡하다.
　① 급식 설비와 식기류가 청결하지 못하다.

B-6. 급·간식의 영양이 풍부하고 다양한 종류의 식단이 제공된다.
　③ 영양소와 조리 형태가 적합한 식단으로 급·간식이 제공된다.
　② 영양소와 조리 형태가 부분적으로 적합하지 않은 것이 있다.
　① 영양소와 조리 형태가 적합하지 않다.

B-7. 물컵은 청결하고 건조하게 관리한다.
　③ 물컵은 청결하고 건조하게 관리한다.
　② 물컵은 청결하게 관리하나, 건조하게 보관하고 있지 않다.
　① 소수의 물컵을 교체하지 않고 사용하여 관리 상태가 청결하지 않다.

B-8. 영유아의 칫솔과 양치컵은 청결하고 건조하게 관리한다.
　③ 칫솔과 양치컵은 청결하게 관리하고 건조한 곳에 따로 보관한다.
　② 칫솔과 양치컵은 청결하나 건조한 곳에 보관하고 있지 않다.
　① 칫솔과 양치컵의 관리 상태가 청결하지 않다.

B-9. 낮잠을 위한 공간의 확보가 가능하며, 조명이나 커튼 등을 이용하여 낮잠 분위기를 조성한다.
　③ 낮잠을 위한 공간이 따로 있거나 가구를 이용하여 쉽게 공간을 마련할 수 있으며, 조명이나 커튼 등으로 낮잠을 위한 분위기를 조성한다.
　② 낮잠을 위한 공간은 마련할 수 있으나, 낮잠 분위기 조성은 부분적으로 가능하다.
　① 낮잠을 위한 공간이 부족하고, 낮잠 분위기 조성이 어렵다.

B-10. 보육실 환경이 안전하고 위험 요소가 없다.
　③ 보육실 내에 날카로운 모서리나 거친 표면, 부딪칠 위험 등 위험 요소가 없다.
　② 보육실 내에 위험 요소가 약간 있다.
　① 보육실 내에 위험 요소가 분명히 있다.

B-11. 전기 콘센트에는 안전덮개가 있다.

③ 영유아의 손이 닿는 곳의 모든 전기 콘센트에는 안전덮개가 있다.

② 안전덮개가 없는 전기 콘센트가 1개 있다.

① 안전덮개가 없는 전기 콘센트가 2개 이상 있다.

C. 학습 환경 – 영아반과 유아반 문항을 구별하여 실시

〈 영아반에서 실시 〉

C-1. 보육실은 영아 발달에 적합한 놀이 활동 영역으로 구별되어 있다.

③ 놀이 활동 영역이 구별된다(예: 신체 영역, 언어 영역, 탐색 영역, 기저귀갈기 영역).

② 놀이 활동 영역 간에 구별이 잘 안 된다.

① 놀이 활동 영역 간의 구별이 없다.

C-2. 감각과 조작을 위한 다양한 놀잇감이 있다.

③ 감각과 조작을 위한 놀잇감이 5종류 이상 있다.

(예: 감각놀이대/감각놀이판/밀가루 반죽/움직일 때 소리나는 놀잇감/누르면 나오는 까꿍 놀잇감/나무망치 등의 두드리는 놀잇감/모양분류상자 등의 넣고 꺼내는 놀잇감/고리끼우기, 큰 레고블록 등의 끼우고 빼는 놀잇감/조각이 큰 그림 맞추기)

② 감각과 조작 놀잇감이 3, 4종류 있다.

① 감각과 조작 놀잇감이 2종류 이하이다.

C-3. 보육실 내에 대근육 활동 기구가 다양하게 있다.

③ 대근육 활동 기구가 4종류 이상 있다.

(예: 다양한 크기의 공/페달 없이 발로 움직이는 타는 기구(붕붕차)/끌차, 유모차/흔들말/오름틀과 미끄럼틀, 낮은 계단/매트)

② 대근육 활동 기구가 2, 3종류 있다.

① 대근육 활동 기구가 1종류뿐이거나 없다.

C-4. 영아의 긍정적인 자아 인식 능력의 발달을 돕는 놀잇감이 있다.
  ③ 영아가 자기 모습을 볼 수 있는 전신거울과 다양한 옷 종류, 신발과 가방 등의 소품, 인형 등의 놀잇감이 있다.
  ② 전신거울은 있으나 옷 종류와 소품, 인형 등의 놀잇감이 다양하지 못하다.
  ① 전신거울이 없거나 관련 놀잇감이 2가지 이하이다.

C-5. 음률 활동을 위한 다양한 놀잇감이 있다.
  ③ 음률 활동을 위한 놀잇감이 4종류 이상 있다.
    (예: 종, 방울, 마라카스, 작은북 등의 리듬악기/실로폰/카세트 레코더, 테이프/리본막대)
  ② 음률 활동을 위한 놀잇감이 2, 3종류 있다.
  ① 음률 활동을 위한 놀잇감이 1종류뿐이거나 없다.

C-6. 언어 발달을 위한 다양한 놀잇감이 있다.
  ③ 언어 발달을 위한 놀잇감이 4종류 이상 있다.
    (예: 다양한 종류의 그림책/여러 가지 사진/손인형, 막대인형/카세트 레코더, 듣기 테이프)
  ② 언어 발달을 위한 놀잇감이 2, 3종류 있다.
  ① 언어 발달을 위한 놀잇감이 1종류뿐이거나 없다.

C-7. 미술 활동을 위한 다양한 자료가 있다.
  ③ 미술 활동을 위한 자료가 5종류 이상 있다.
    (예: 여러 종류의 종이/크레파스, 색연필/안전가위/풀/테이프)
  ② 미술 활동을 위한 자료가 3, 4종류 있다.
  ① 미술 활동을 위한 자료가 2종류 이하이다.

C-8. 영아들이 좋아하는 놀잇감은 동일한 것으로 여러 개 준비한다.
  ③ 영아들이 좋아하는 놀잇감은 똑같은 것으로 여러 개 있다.
  ② 같은 놀잇감이 여러 개 있기는 하나 색깔이나 크기가 달라서 동일하지 못하다.
  ① 같은 놀잇감이 1, 2개만 있다.

〈 유아반에서 실시 〉

C-9. 흥미 영역은 활동성과 물의 사용을 고려하여 배치하고 있다.
　③ 흥미 영역은 활동성 정도와 소음, 물 사용을 고려하여 배치하고 있다.
　　(예: 언어 영역과 음률 영역이 떨어져 있다./조형 영역은 수도 시설과 인접하도록
　　　　배치한다.)
　② 활동성과 물의 사용을 고려하여 배치하고 있으나 한두 영역의 조정이 필요하다.
　① 활동성과 물의 사용을 고려하지 않고 흥미 영역이 배치되어 있다.

C-10. 실내에 유아가 혼자 활동하거나 휴식을 취할 공간이 있다.
　③ 유아 혼자 활동하거나 휴식을 취할 공간이 있고 부분 카펫이나 깔개, 쿠션 등이
　　구비되어 있다.
　② 유아 혼자 활동하거나 휴식을 취할 공간은 있지만 부분 카펫, 쿠션 등은 마련되어
　　있지 않다.
　① 유아 혼자 활동하거나 휴식을 취할 공간이 없다.

C-11. 유아가 작업한 결과물이 유아의 눈높이에 맞게 전시되어 있다.
　③ 유아가 작업한 결과물이 눈높이에 맞게 전시되어 있다.
　② 유아의 눈높이에 맞추어 전시되어 있지 않은 결과물이 1, 2가지 있다.
　① 유아가 작업한 결과물이 전시되어 있지 않거나 대부분 성인의 눈높이에 맞게 전시
　　되어 있다.

C-12. 보육실의 교재·교구는 개방식 장에 넣어 유아가 쉽게 사용할 수 있다.
　③ 대부분의 교재·교구는 개방식 장에 넣고, 구분 표시가 되어 있다.
　　(예: 놀잇감의 그림 부착)
　② 교재·교구의 일부만 개방식 장에 넣고, 구분 표시가 되어 있다.
　① 대부분의 교재·교구는 폐쇄식 장에 보관되어 있고, 교사가 꺼내준다.

C-13. 쌓기놀이를 위한 다양한 자료가 구비되어 있다.
　③ 쌓기놀이를 위한 놀잇감이 3종류 이상 있다.
　　(예: 종이블록/유니트블록/속 빈 블록/우레탄블록/와플블록)
　② 쌓기놀잇감이 2종류 있다.
　① 쌓기놀잇감이 1종류뿐이거나 없다.

C-14. 역할놀이를 위한 다양한 자료가 구비되어 있다.

③ 역할놀이 자료가 5종류 이상 있다.

(예: 옷/구두/장신구/그릇/음식 모형/전화)

② 역할놀이 자료가 3, 4종류 있다.

① 역할놀이 자료가 2종류 이하이다.

C-15. 수/과학놀이를 위한 다양한 자료가 구비되어 있다.

③ 수/과학놀이를 위한 자료가 5종류 이상 있다.

(예: 수세기 자료, 수 퍼즐, 게임 카드, 보드 게임/자석, 돋보기, 동 · 식물)

② 수/과학놀이를 위한 자료가 3, 4종류 있다.

① 수/과학놀이를 위한 자료가 2종류 이하이다.

C-16. 언어 활동을 위한 다양한 자료가 구비되어 있다.

③ 언어 활동 자료가 듣기, 말하기, 쓰기, 읽기의 네 영역별로 다양하게 있다.

(예: 카세트 테이프/손인형, 막대동화/종이, 굵은 색연필/그림책, 화보)

② 세 영역에 관련된 언어 활동 자료가 있다.

① 언어 활동 자료가 한두 영역에 편중되어 있다(예: 책/쓰기 자료).

C-17. 음률 활동을 위한 다양한 자료가 구비되어 있다.

③ 음률 활동을 위한 자료가 4종류 이상 있다.

(예: 리듬 악기/가락 악기/리본 테이프, 스카프/음악 테이프)

② 음률 활동 자료가 2, 3종류 있다.

① 음률 활동 자료가 1종류 있다.

C-18. 미술 활동을 위한 다양한 자료가 구비되어 있다.

③ 미술 활동을 위한 자료가 5종류 이상이고 수가 충분하다.

(예: 종이류, 크레파스/가위, 풀/물감/수수깡, 빨대 등 소품류/폐품류)

② 미술 활동 자료가 3, 4종류이고 수가 충분하지 않다.

① 기본적인 자료로 2종류 이하이다.

C-19. 실내외에 신체 활동을 위한 교구들이 구비되어 있다.

   ③ 실내외에 신체 활동을 위한 교구가 5종류 이상 있다.

      (예: 자전거/공/훌라후프/매트/뜀틀/평균대)

   ② 신체 활동을 위한 교구가 3, 4종류 있다.

   ① 신체 활동을 위한 교구가 2종류 이하 있다.

D. 교육 경험 및 활동 – 영아반과 유아반 문항을 구별하여 실시

〈 영아반에서 실시 〉

D-1. 활발한 신체 활동/소근육 활동

   (기어오르기, 내려오기, 공놀이/끼우기, 넣고 빼기)

   ③ 2종류의 활동이 모두 관찰된다.

   ② 1종류의 활동만 관찰된다.

   ① 2종류 모두 관찰되지 않는다.

D-2. 언어 활동/미술 활동/음률 활동

   (그림책 보기, 이야기 듣기/끄적거리기, 가위질, 스티커 붙이기/소리 듣기, 악기 두드리기,

   노래하기, 리본막대 흔들기)

   ③ 2종류 또는 3종류의 활동이 관찰된다.

   ② 1종류의 활동만 관찰된다.

   ① 3종류 모두 관찰되지 않는다.

D-3. 블록 쌓기/소꿉놀이

   (블록 이동하기, 늘어놓기, 쌓고 무너뜨리기/상차리기, 엄마아빠 흉내내기)

   ③ 2종류의 활동이 모두 관찰된다.

   ② 1종류의 활동만 관찰된다.

   ① 2종류 모두 관찰되지 않는다.

〈 유아반에서 실시 〉

D-4. 실내 활동과 실외 활동이 균형 있게 이루어진다.
  ③ 실내 활동과 함께 실외 활동이 오전 오후로 균형 있게 이루어진다.
  ② 실외 활동이 하루에 한 번만 이루어진다.
  ① 실내 활동 위주로 이루어진다.

D-5. 정적 활동과 동적 활동이 균형 있게 이루어진다.
  ③ 정적 활동(예: 이야기나누기, 그림 그리기, 동화 듣기)과 동적 활동(예: 신체 표현, 게임, 실외놀이)이 균형 있게 순서를 바꾸어가며 이루어진다.
  ② 정적 활동이나 동적 활동이 모두 이루어지나 한쪽이 더 많다.
  ① 정적 활동을 주로 한다.

D-6. 일과에 자유선택 활동 시간이 충분하다.
  ③ 자유선택 활동 시간이 하루에 최소 3시간 또는 그 이상이다.
  ② 자유선택 활동 시간이 하루에 1~2시간 정도이다.
  ① 자유선택 활동 시간이 하루에 1시간 미만이다.

D-7. 한 활동에서 다른 활동으로의 전이가 자연스럽게 이루어진다.
  ③ 한 활동에서 다른 활동으로 옮길 때에는 유아에게 미리 알려주고 개별 유아의 상황을 고려하여 무리 없이 진행한다.
  ② 전이 과정이 약간 무리하게 진행되는 경우가 있다.
  ① 전이 과정의 대부분이 유아의 상황을 고려하지 않고 무리하게 진행된다.

D-8. 실물을 이용해 수/과학 활동을 한다.
  ③ 수/과학 활동을 할 때 다양한 실물 자료를 이용한다.
    (예: 분류, 일 대 일 대응, 수세기/동 · 식물 관찰, 실험)
  ② 수/과학 활동을 하지만 실물 자료는 부분적으로 이용한다.
  ① 수/과학 활동을 거의 하지 않거나 주로 평면 자료를 이용한다(예: 수 놀이책).

D-9. 듣기 · 말하기의 기회와 읽기 · 쓰기에 관심을 갖게 하는 활동을 한다.

③ 듣기 · 말하기의 기회와 읽기 · 쓰기에 관심을 갖게 하는 활동을 다양하게 한다.

(예: 동화 듣기/경험한 내용 말하기/그림동화 읽기/모양 그리기)

② 네 영역에 관련된 활동이 이루어지나 한두 영역에 치우쳐 있다.

① 학습지를 이용하여 읽기, 쓰기 연습을 주로 한다.

D-10. 다양한 역할놀이 경험을 한다.

③ 다양한 종류의 놀잇감을 이용한 역할놀이가 이루어진다.

(예: 가족놀이/병원놀이/음식점놀이/전화놀이/소방서놀이/우주선놀이)

② 제한된 놀잇감으로 역할놀이가 이루어진다.

① 역할놀이가 거의 이루어지지 않는다.

D-11. 쌓기놀잇감을 이용한 구성 활동을 한다.

③ 쌓기놀잇감을 이용하여 다양한 구성 활동을 자유롭게 한다.

(예: 탑 쌓기/집 구성/마을 구성/동물원 꾸미기)

② 구성 활동이 이루어지나, 교사가 놀잇감이나 놀이 공간을 일부 제한한다.

① 구성 활동이 거의 이루어지지 않는다.

D-12. 다양한 음률 활동을 한다.

③ 다양한 악기와 자료를 활용한 창의적인 음률 활동을 한다.

(예: 리듬악기로 다양한 소리내기/음악 듣고 스카프나 리본 테이프로 표현하기)

② 창의적인 음률 활동보다 따라하는 활동이 많고, 악기나 자료가 다양하지 않다.

(예: 노래 따라하기/율동 따라하기)

① 교사를 따라하는 음률 활동이 대부분이고, 악기나 자료를 거의 활용하지 않는다.

D-13. 여러 가지 자료를 활용하여 미술 활동을 한다.

③ 여러 가지 자료를 활용하여 다양한 미술 활동을 창의적으로 한다.

(예: 그리기/만들기/콜라주/입체 꾸미기)

② 여러 가지 자료를 제공하지만 창의적인 활동보다는 모방 활동이 많다.

① 1, 2가지 자료를 제공하며 1종류의 활동을 주로 한다(예: 그리기).

D-14. 물놀이와 모래놀이를 한다.

　③ 다양한 놀잇감을 이용한 물·모래놀이를 한다.

　② 물·모래놀이가 제공되나 놀잇감이 1, 2종류로 제한된다.

　① 물·모래놀이 시설이 없거나 놀이의 기회가 거의 없다.

E. 교사-영유아 상호작용 - 영아반과 유아반 문항을 구별하여 실시

〈 영아반에서 실시 〉

E-1. 교사는 영아와 이야기를 나눌 때 단순하고 구체적인 언어를 사용한다.

　③ 교사는 영아와 이야기를 나눌 때 영아의 발달 수준에 맞는 단순하고 구체적인 언어를 사용한다.

　② 영아에게 단순하고 구체적인 언어를 사용하지 못할 때도 있다.

　① 영아에게 길게 말하거나 어려운 말을 사용한다.

E-2. 교사는 영아의 발성이나 말을 주의깊게 듣고 명료화시켜 반응한다.

　③ 교사는 항상 영아의 발성이나 말을 주의깊게 들으며 영아의 말을 정확한 표현으로 다시 말해주는 등 명료화시켜 준다(예: "빵빵" → "자동차를 갖고 싶니?").

　② 영아의 발성이나 말에 대해 명료화시켜 주지 못할 때도 있다.

　① 영아의 발성이나 말에 대해 언어로 반응하지 못한다.

E-3. 교사는 영아의 행동에 대해 부정적인 언어보다 긍정적인 언어를 사용한다.

　③ 교사는 영아의 행동에 대해 비평하거나 간섭하는 등의 부정적인 언어보다는 긍정적인 언어를 사용한다(예: "여기에서 놀면 안 돼" → "저기에서 놀자").

　② 영아의 행동에 대해 부정적인 언어를 가끔 사용한다.

　① 영아의 행동에 대해 부정적인 언어를 자주 사용한다.

E-4. 교사는 영아와 이야기를 나눌 때 영아의 눈높이에 맞게 자세를 낮춘다.

　③ 교사는 영아와 이야기를 나눌 때 항상 영아의 눈높이에 맞게 자세를 낮춘다.

　② 영아와 눈높이를 맞추지 않고 이야기를 나누는 경우도 가끔 있다.

　① 교사가 영아와 눈높이를 맞추지 않고 이야기하는 경우가 대부분이다.

E-5. 교사는 영아의 탐색 행동에 민감하게 반응하고 상호작용 한다.

③ 교사는 영아의 탐색을 위해 허용적인 분위기를 조성하고 탐색 행동을 격려하며, 영아의 리듬과 속도에 맞추어 상호작용을 한다.

② 교사는 허용적인 분위기를 조성하기는 하나 영아의 속도에 맞추기보다 교사의 의도대로 상호작용을 이끌어간다.

① 교사는 영아의 탐색 행동에 허용적이지 않고 민감하게 반응하지 못한다.

E-6. 다른 영아의 활동을 방해하는 영아에게 대안적인 활동을 제공한다.

③ 교사는 다른 영아의 놀잇감을 뺏고 활동을 방해하는 영아에게 대안적인 놀잇감을 찾아주거나 다른 재미있는 활동을 제공하여 주의를 돌릴 수 있도록 도와준다.

② 다른 영아를 방해하지 못하게 하고 다른 놀잇감이나 활동을 제공하지만 대안적 활동이 적절하지 못한 경우도 있다.

① 다른 영아를 방해하지 못하게 하나 대안적인 활동을 제공하지는 않는다.

E-7. 영아의 세수하기, 옷입기, 머리 빗기 등을 교사가 돌봐주거나 지도한다.

③ 영아의 세수하기, 옷입기, 머리 빗기 등을 교사가 돌봐주거나 지도한다. (특히 낮잠, 실외놀이 후, 식사 시간 후)

② 세수하기, 옷 입기, 머리 빗기 등을 돌봐주지 못하는 경우가 가끔 있다.

① 세수하기, 옷 입기 등을 교사가 돌봐주지 못한다.

E-8. 교사는 교사 주위에 있지 않은 영아를 수시로 확인하며, 학급 전체 상황을 관찰한다.

③ 교사는 영아들이 어디에 있는지 수시로 확인하며, 학급 전체에서 일어나는 상황을 관찰하고 있다.

② 교사는 교사 주위에 있는 영아 외의 학급 전체 상황을 관찰하지 못하는 경우가 가끔 있다.

① 교사와 함께 있는 영아에게만 시선을 집중한다.

〈 유아반에서 실시 〉

E-9. 교사는 등 · 하원시 유아를 따뜻하게 대한다.
③ 유아를 항상 따뜻하게 대한다.
② 유아를 따뜻하게 대하지 못할 때가 가끔 있다.
① 유아를 따뜻하게 대하지 않는다.

E-10. 교사는 유아와 긍정적인 신체적 상호작용을 한다.
③ 교사는 유아와 미소짓기, 안아주기, 쓰다듬기 등의 긍정적인 신체적 상호작용을 자주 한다.
② 교사는 긍정적인 신체적 상호작용을 가끔 한다.
① 교사는 긍정적인 신체적 상호작용을 거의 하지 않는다.

E-11. 교사는 유아와 이야기를 나눌 때 유아의 눈높이에 맞게 자세를 낮춘다.
③ 교사는 유아와 이야기를 나눌 때 항상 유아의 눈높이에 맞게 자세를 낮춘다.
② 유아와 눈높이를 맞추지 않고 이야기를 나누는 경우도 가끔 있다.
① 교사가 유아와 눈높이를 맞추지 않고 이야기하는 경우가 대부분이다.

E-12. 교사는 유아와 개별적으로 대화를 나눈다.
③ 교사는 일과 중 거의 모든 유아와 개별적으로 이야기를 나눈다.
  (예: 가족 이야기, 그 날의 옷차림에 대하여)
② 교사가 유아 중 일부와 개별적으로 이야기를 나눈다.
① 교사는 유아와 개별적으로 이야기를 나눌 기회가 거의 없다.

E-13. 교사가 전달하는 말은 유아가 이해할 수 있도록 간결하고 명료하다.
③ 교사가 유아에게 전달하는 말은 간단하고 분명하여 유아가 쉽게 이해할 수 있다.
  (예: 짧고 주어와 동사가 분명한 문장)
② 교사의 말이 분명하지 않고 설명이 길 때가 가끔 있다.
① 교사의 말이 어렵고 지나치게 설명이 길다.

E-14. 교사는 유아를 긍정적인 방법을 사용하여 지도한다.

　③ 유아를 지도할 때 비판이나 위협 등 부정적인 방법을 사용하기보다 칭찬과 격려 등
　　 긍정적인 방법을 주로 사용한다.

　② 긍정적인 방법과 함께 부정적인 방법도 가끔 사용한다.

　① 긍정적인 방법보다 부정적인 방법을 더 사용한다.

E-15. 교사는 유아 간의 갈등이나 문제 해결을 위해 적절히 개입한다.

　③ 교사는 유아 간의 갈등이나 문제가 있는 경우 유아가 스스로 해결할 수 있도록 지도
　　 하며, 필요한 경우에는 적절히 개입한다.

　② 유아 간의 갈등이나 문제를 유아가 스스로 해결하기보다 교사가 해결해주는
　　 경우가 가끔 있다.

　① 유아 간의 갈등이나 문제를 주로 교사가 해결한다.

E-16. 교사는 유아와 개별적으로 또는 소집단으로 활동할 때 학급 전체 상황을 수시로
　　 관찰한다.

　③ 교사는 모든 유아를 수시로 관찰하여 학급 전체에서 일어나는 상황을 파악하고 있다.

　② 교사는 학급 전체에서 일어나는 상황을 관찰하지 못하는 경우가 가끔 있다.

　① 교사는 학급 전체 상황을 관찰하지 않는다.

E-17. 교사는 유아와 함께 놀이에 참여하면서 즐긴다.

　③ 교사는 유아와 함께 놀이에 참여하고 이를 즐긴다.

　② 유아와 함께 놀이에 참여하지만 즐기지 않을 때도 있다.

　① 유아의 놀이에 거의 참여하지 않는다.

E-18. 교사는 유아의 놀이를 지속시키고 확장시키기 위한 상호작용을 한다.

　③ 교사는 놀이를 지속시키고 확장시키기 위해 필요한 자료를 제공하거나 제언을 한다.

　② 교사는 놀이에서 주로 단순한 반응을 한다.

　① 유아의 놀이에 개입하지 않거나 부적절한 반응을 한다.

〈부록 2〉

어린이집 프로그램 관찰척도 기록지

1. **기 관 명** : _____ 어린이집

2. **관찰일시** : _____년 _____월 _____일 ___시 ~ ___시

3. **관 찰 자** : _____

4. **설립유형** : 국공립 _____   민간 _____   직장 _____   기타 (설명 : _____)

5. **기관현황**

구 분	영아반(0-2세)	유아반(3세 이상)	혼합 연령반	계
학 급 수				
교 사 수				
영유아수				

6. **관찰 대상 학급**
   ※ 학급 정원이 아닌 관찰 당일 출석 영아수와 교사수 기록
   □ 영 아 반(1개 학급)
      연령 _____ 세,   영아수 _____ 명,   교사수 _____ 명
   □ 유 아 반(1개 학급)
      연령 _____ 세,   유아수 _____ 명,   교사수 _____ 명

A. 물리적 환경	비고란
A-1. 보육실 공간 크기 ③ 모든 보육실이 여유 있음　② 여유 있는 보육실이 절반 이상임　① 절반 미만임　N/O	
A-2. 환기 · 조명 · 냉방 · 난방 시설 ③ 모두 잘 되어 있어 쾌적함　② 1가지 안 됨　① 2가지 이상 안 됨　N/O	
A-3. 보육 활동 지원 공간과 설비 ③ 유아 화장실/ 유희실, 식당, 부모 대기 공간 있음　② 유아 화장실/ 일부 공간 있음　① 유아 화장실만 있음　N/O	
A-4. 교직원 필요 시설 및 설비 ③ 교사실, 성인 화장실/ 휴식 공간, 개인 사물함 있음　② 교사실, 성인 화장실/ 일부 시설과 설비 있음　① 성인 화장실만 있음　N/O	
A-5. 비품과 교육 자료 보관 장소 ③ 창고나 자료실 있음　② 보관 장소 있으나 부족함　① 보관 장소 없음　N/O	
A-6. 출입문과 창문의 안전(문턱, 문 작동, 손가락 끼임 방지, 유리 파손) ③ 모두 안전함　② 부분적으로 안전함　① 안전하지 않음　N/O	
A-7. 실내 시설 · 설비의 안전 ③ 날카롭거나 돌출 없고 견고, 파손 없음　② 대체로 안전하나 수리를 필요로 하는 부분이 있음　① 분명히 수리를 요함　N/O	

A-8. 실외 시설 · 설비의 안전

③ 날카롭거나 돌출이 없고 견고, 파손 없음 | ② 대체로 안전하나 수리를 필요로 하는 부분이 있음 | ① 분명히 수리를 요함 | N/O

A-9. 다양한 실외 공간 구성

③ 대근육 운동, 물 · 모래놀이, 자연 관찰이 가능함 | ② 실외놀이가 부분적으로만 가능함 | ① 실외 공간이 없거나 1종류 놀이만 가능함 | N/O

A-10. 실외 바닥의 다양한 표면

③ 흙, 잔디, 모래, 콘크리트 등 다양한 표면 | ② 주로 1종류이며 일부 다른 표면이 있음 | ① 1종류의 재질만 있음 | N/O

A-11. 물 · 모래놀이 설비

③ 물놀이대, 모래 상자나 모래밭, 급 · 배수 시설이 있음 | ② 물 · 모래놀이 설비가 1, 2가지 있음 | ① 물 · 모래놀이 설비가 없음 | N/O

(1)평정점수	3	2	1	N/O	영역 총점 (N/O문항이 없는 경우)	수정된 총점 (N/O문항이 있는 경우)
(2)문항수						
(1)X(2)점수						

B. 건강 · 안전 · 영양	비고란
B-1. 보육실 이외의 실내 시설(현관, 복도, 공유 공간)의 청결 ③ 모두 청결함　　② 청결 상태가　　① 청결하지 못함　　N/O 　　　　　　　　　　미흡한 곳이 있음	
B-2. 화장실과 세면장의 청결 ③ 청결하며 마른 수건과　② 부분적으로　　① 불결하며 비누가　　N/O 　비누가 비치됨　　　　　미흡함　　　　　없거나 수건이 　　　　　　　　　　　　　　　　　　젖어 있음	
B-3. 보육실의 청결, 환기, 적정 습도 유지 ③ 청결하고 환기와　　② 청결하나 환기와　　① 청결하지 못함　　N/O 　습도 조절이 잘됨　　　습도 조절이 미흡함	
B-4. 기저귀갈기 영역의 구비와 청결 ③ 방수요, 물수건, 종이　② 일부 용품이　　① 기저귀갈기　　　N/O 　기저귀, 팬티가 구비　　미비하거나,　　영역이 없거나 　되고, 기저귀 처리가　　기저귀 처리가　용품이 구비되지 　청결함　　　　　　　　청결하지 않음　않음	
B-5. 주방 내 급식 설비의 청결 ③ 급식 설비가 청결하며　② 부분적으로　　① 청결하지 못함　　N/O 　식기류를 건조하게　　　미흡함 　보관함	
B-6. 급 · 간식의 영양가와 다양한 식단 ③ 영양소, 조리 형태가　② 부분적으로　　① 부적합함　　　　N/O 　적합함　　　　　　　　부적합함	
B-7. 물컵의 청결, 건조한 관리 ③ 청결하고 건조하게　　② 청결하나 건조하게　① 청결하지 않음　　N/O 　관리됨　　　　　　　　보관이 안 됨	

B-8. 영유아 칫솔과 양치컵 관리

③ 청결하고 건조함   ② 청결하나 건조하게   ① 청결하지 않음   N/O
                       보관되지 않음

B-9. 낮잠 공간의 구비

③ 낮잠 공간이 가능하고   ② 낮잠 공간이 가능   ① 낮잠 공간이 부족   N/O
   분위기 조성이 가능함   하나 분위기 조성은   하고 분위기 조성이
                       부분적으로 가능함   어려움

B-10. 보육실 환경 내의 위험 요소 부재

③ 날카로운 모서리,   ② 위험 요소가   ① 위험 요소가   N/O
   거친 표면, 부딪칠   약간 있음   분명히 있음
   위험 요소가 없음

B-11. 전기 콘센트의 안전덮개

③ 모든 전기 콘센트에   ② 안전덮개가   ① 2개 이상 없음   N/O
   안전덮개 있음   1개 없음

(1)평정점수	3	2	1	N/O	영역 총점 (N/O문항이 없는 경우)	수정된 총점 (N/O문항이 있는 경우)
(2)문항수						
(1)X(2)점수						

C. 학습 환경 : 영아반과 유아반 문항을 구별하여 실시	비고란

〈 영아반에서 실시 〉

C-1. 보육실의 활동 영역 구분

③ 놀이 활동 영역이 구별됨   ② 영역 구별이 잘 안 됨   ① 영역 구별이 없음   N/O

C-2. 감각과 조작을 위한 놀잇감

(감각놀이대/감각놀이판/밀가루 반죽/소리나는 놀잇감/까꿍 놀잇감/

두드리는 놀잇감/넣고 꺼내는 놀잇감/끼우고 빼는 놀잇감/큰 조각 맞추기)

③ 5종류 이상 있음   ② 3, 4종류 있음   ① 2종류 이하 있음   N/O

C-3. 대근육 활동 기구(공/붕붕차, 유모차/흔들말/미끄럼틀, 낮은 계단/매트)

③ 4종류 이상 있음   ② 2, 3종류 있음   ① 1종류뿐이거나 없음   N/O

C-4. 자아 인식 관련 놀잇감

③ 전신거울/ 옷 종류, 소품, 인형 등이 다양함   ② 전신거울/ 옷 종류, 소품, 인형 등이 다양하지 않음   ① 전신거울이 없거나 관련 놀잇감이 2가지 이하 있음   N/O

C-5. 음률 활동을 위한 놀잇감(리듬 악기/실로폰/카세트 레코더/리본막대)

③ 4종류 이상 있음   ② 2, 3종류 있음   ① 1종류뿐이거나 없음   N/O

C-6. 언어 발달을 위한 놀잇감(그림책/사진/손인형, 막대인형/카세트 레코더)

③ 4종류 이상 있음   ② 2, 3종류 있음   ① 1종류뿐이거나 없음   N/O

C-7. 미술 활동을 위한 자료(종이/크레파스, 색연필/안전가위/풀/테이프)

③ 5종류 이상 있음   ② 3, 4종류 있음   ① 2종류 이하 있음   N/O

C-8. 동일한 놀잇감의 준비			
③ 똑같은 놀잇감이 여러 개 있음	② 같은 놀잇감이 있지만 색깔, 크기가 다름	① 같은 놀잇감이 1, 2개 있음	N/O

〈 유아반에서 실시 〉

C-9. 흥미 영역의 배치			
③ 활동성과 소음, 물 사용을 고려함	② 고려했으나 한두 영역의 조정이 필요함	① 활동성과 물 사용을 고려하지 않음	N/O

C-10. 휴식 및 사적 공간			
③ 혼자 있을 공간 있음/ 부분 카펫, 쿠션이 구비됨	② 혼자 있을 공간 있음/ 카펫, 쿠션은 구비되지 않음	① 혼자 있을 공간 없음	N/O

C-11. 유아의 작업 결과물 전시			
③ 눈높이에 맞게 전시됨	② 눈높이에 맞지 않은 것이 1, 2가지 있음	① 전시되지 않거나 성인의 눈높이에 전시됨	N/O

C-12. 교재 · 교구의 개방식 정리장			
③ 대부분 개방식 장에 보관/ 구분 표시됨	② 일부가 개방식 장에 보관/ 구분 표시됨	① 대부분 폐쇄식 장에 보관/교사가 꺼내줌	N/O

C-13. 쌓기놀이를 위한 자료 (종이블록/유니트블록/속 빈 블록/우레탄블록/와플블록)			
③ 3종류 이상 있음	② 2종류 있음	① 1종류뿐이거나 없음	N/O

C-14. 역할놀이를 위한 자료(옷/구두/장신구/그릇/음식 모형/전화)			
③ 5종류 이상 있음	② 3, 4종류 있음	① 2종류 이하 있음	N/O

C-15. 수/과학놀이를 위한 자료

  (수세기 자료, 수 퍼즐, 게임 카드, 보드 게임/자석, 돋보기, 동 · 식물)

| ③ 수/과학 자료가 5종류 이상 있음 | ② 수/과학 자료가 3, 4종류 있음 | ① 수/과학 자료가 2종류 이하 있음 | N/O |

C-16. 언어 활동을 위한 자료

  (카세트 테이프/손인형, 막대인형/종이, 굵은 색연필/ 그림책, 화보)

| ③ 듣기, 말하기, 쓰기, 읽기 영역별로 다양하게 있음 | ② 세 영역 자료가 있음 | ① 한두 영역에 자료가 편중됨 (책/쓰기 자료) | N/O |

C-17. 음률 활동을 위한 자료

  (리듬 악기/가락 악기/리본 테이프, 스카프/음악 테이프)

| ③ 음률 자료가 4종류 이상 있음 | ② 음률 자료가 2, 3종류 있음 | ① 음률 자료가 1종류 있음 | N/O |

C-18. 미술 활동을 위한 자료

  (종이류, 크레파스/가위, 풀/물감/수수깡, 빨대 등 소품류/폐품류)

| ③ 5종류 이상/ 수가 충분함 | ② 3, 4종류/수가 충분하지 않음 | ① 2종류 이하 있음 | N/O |

C-19. 실내외 신체 활동을 위한 교구(자전거/공/훌라우프/매트/뜀틀/평균대)

| ③ 5종류 이상/ 수가 충분함 | ② 3, 4종류 있음 | ① 2종류 이하 있음 | N/O |

(1)평정점수	3	2	1	N/O	영역 총점 (N/O문항이 없는 경우)	수정된 총점 (N/O문항이 있는 경우)
(2)문항수						
(1)X(2)점수						

D. 교육 경험 및 활동 : 영아반과 유아반 문항을 구별하여 실시	비고란

〈 영아반에서 실시 〉

D-1. 활발한 신체 활동/소근육 활동

　　(기어오르기, 내려오기, 공놀이/끼우기, 넣고 빼기)

　③ 2종류의 활동이　　②1종류의 활동만　　①2종류 모두　　N/O
　　모두 관찰됨　　　　　관찰됨　　　　　　　관찰되지 않음

D-2. 언어 활동/미술 활동/음률 활동

　　(그림책 보기, 이야기 듣기/끄적거리기, 가위질, 스티커 붙이기/
　　소리 듣기, 악기 두드리기, 노래, 리본막대 흔들기)

　③ 2종류 또는 3종류의　②1종류의 활동만　　①3종류 모두　　N/O
　　활동이 관찰됨　　　　관찰됨　　　　　　관찰되지 않음

D-3. 블록 쌓기/소꿉놀이

　　(블록 이동하기, 늘어놓기, 쌓고 무너뜨리기/상차리기, 엄마·아빠
　　흉내내기)

　③ 2종류의 활동이　　②1종류의 활동만　　①2종류 모두　　N/O
　　모두 관찰됨　　　　　관찰됨　　　　　　　관찰되지 않음

〈 유아반에서 실시 〉	비고란

D-4. 실내 활동과 실외 활동의 균형

③ 오전과 오후로 균형 있게 이루어짐　　② 실외 활동이 하루에 한 번만 이루어짐　　① 실내 활동 위주로 이루어짐　　N/O

D-5. 정적 활동과 동적 활동의 균형

③ 균형 있게 순서를 바꾸어 진행됨　　② 모두 하나 한쪽이 더 많음　　① 정적 활동 위주로 진행됨　　N/O

D-6. 충분한 자유선택 활동 시간의 제공

③ 하루에 최소 3시간 이상 제공됨　　② 1~2시간 제공됨　　① 1시간 미만으로 진행됨　　N/O

D-7. 활동 간 전이의 자연스러움

③ 무리 없이 진행됨　　② 약간 무리하게 진행됨　　① 대부분 무리하게 진행됨　　N/O

D-8. 실물을 이용한 수/과학 활동(분류, 일 대 일 대응, 수세기/동 · 식물 관찰, 실험)

③ 다양한 실물을 이용함　　② 실물 자료를 부분적으로 이용함　　① 활동이 거의 없거나 평면 자료를 이용함　　N/O

D-9. 듣기, 말하기, 읽기, 쓰기 활동

(동화듣기/경험한 내용 말하기/그림동화 읽기/모양 그리기)

③ 네 영역을 다양 하게 함　　② 한두 영역에 치우침　　① 학습지를 사용함 (읽기 · 쓰기 중심)　　N/O

D-10. 다양한 역할놀이 경험

(가족놀이/병원놀이/음식점놀이/전화놀이/소방서놀이/우주선놀이)

③ 다양한 놀잇감으로 역할놀이를 함　　② 제한된 놀잇감으로 역할놀이를 함　　① 거의 이루어지지 않음　　N/O

D-11. 쌓기놀잇감을 이용한 구성 활동
　　　(탑 쌓기/집 구성/마을 꾸미기/동물원 꾸미기)

③ 다양한 구성 활동이　　② 구성 활동이 이루어지나　① 구성 활동이 거의　　N/O
　　이루어짐　　　　　　　교사가 놀잇감과 공간　　이루어지지 않음
　　　　　　　　　　　　일부를 제한함

D-12. 다양한 음률 활동

③ 다양한 악기로　　　　② 따라하는 활동이 많고　① 교사를 따라하는　　N/O
　　창의적인 음률 활동을 함　악기나 자료가 다양　　활동이 대부분임
　　(다양하게 소리내기/　　하지 않음
　　표현하기)　　　　　　(노래/율동 따라하기)

D-13. 여러 가지 자료를 활용한 미술 활동(그리기/만들기/콜라주/입체 꾸미기)

③ 다양한 자료를　　　　② 다양한 자료/　　　　① 1,2가지 자료/　　N/O
　　활용하여 창의적으로　　주로 모방 활동이　　　1종류 활동위주임
　　표현함　　　　　　　많음

D-14. 물놀이와 모래놀이

③ 다양한 놀잇감을 이용한　② 놀잇감이 1, 2종류로　① 물·모래놀이　　　N/O
　　물·모래놀이를 함　　　제한됨　　　　　　　시설이 없거나
　　　　　　　　　　　　　　　　　　　　　　놀이 기회가
　　　　　　　　　　　　　　　　　　　　　　거의 없음

(1)평정점수	3	2	1	N/O	영역 총점 (N/O문항이 없는 경우)	수정된 총점 (N/O문항이 있는 경우)
(2)문항수						
(1)X(2)점수						

E. 교사 – 영유아 상호작용 : 영아반과 유아반 문항을 구별해서 실시	비고란

〈 영아반에서 실시 〉

E-1. 교사의 단순하고 구체적인 언어 사용

③ 단순하고 구체적인 언어를 사용함   ② 사용하지 못할 때도 있음   ① 길고 어려운 말을 사용함   N/O

E-2. 교사의 경청과 명료화시킨 반응

② 주의깊게 듣고 명료화함   ② 명료화시키지 못할 때도 있음   ① 발성과 말에 언어 반응을 못함   N/O

E-3. 부정적 언어보다 긍정적 언어 사용

③ 비평, 간섭보다 긍정적 언어를 사용함   ② 부정적 언어를 가끔 사용   ① 부정적 언어를 자주 사용함   N/O

E-4. 이야기할 때의 자세

③ 항상 영아의 눈높이에 맞게 자세를 낮춤   ② 눈높이에 맞지 않을 때도 가끔 있음   ① 눈높이에 맞지 않는 경우가 대부분임   N/O

E-5. 영아의 탐색에 민감하게 반응

③ 허용적 분위기, 탐색 행동 격려/ 영아 속도에 맞게 상호작용함   ② 허용적 분위기/ 교사 의도대로 상호작용을 이끔   ① 비허용적/ 민감하게 반응하지 못함   N/O

E-6. 방해하는 영아에게 대안 활동 제공

③ 방해하는 영아에게 대안 놀잇감이나 흥미 있는 활동을 제공함   ② 방해 제지, 대안 제공/ 대안이 적절하지 못한 경우가 있음   ① 방해 제지/ 대안 활동을 제공하지 못함   N/O

E-7. 영아의 외모를 돌봐주거나 지도

③ 세수하기, 옷입기, 머리빗기를 돌봐 주거나 지도함   ② 돌봐주지 못하는 경우가 가끔 있음   ① 돌봐주지 못함   N/O

E-8. 학급 전체 상황을 수시로 관찰			
③ 영아를 확인하고 학급 전체를 수시로 관찰함	② 학급 전체를 관찰하지 못하는 경우가 가끔 있음	① 교사 주위에 있는 영아에게만 시선을 집중함	N/O

〈 유아반에서 실시 〉

E-9. 등 · 하원시 따뜻하게 대함			
③ 항상 따뜻하게 대함	② 따뜻하게 대하지 못하는 때가 가끔 있음	① 따뜻하게 대하지 않음	N/O

E-10. 유아와 긍정적인 신체적 상호작용			
③ 미소 짓기, 안아주기, 쓰다듬기를 자주함	② 가끔함	① 거의 안 함	N/O

E-11. 이야기할 때의 자세			
③ 항상 유아의 눈높이에 맞게 자세를 낮춤	② 눈높이에 맞지 않을 때도 가끔 있음	① 눈높이에 맞지 않는 경우가 대부분임	N/O

E-12. 유아와 개별적 대화			
③ 거의 모든 유아와 개별적으로 대화함	② 유아 중 일부와 대화함	① 개별 대화의 기회가 거의없음	N/O

E-13. 교사의 간결하고 명료한 언어 사용			
③ 간단 명료하여 유아가 쉽게 이해함	② 가끔 분명치 않고 길게 설명함	① 어렵고 길게 설명함	N/O

E-14. 긍정적인 방법으로 지도			
③ 비판과 위협보다는 칭찬, 격려를 주로 사용함	② 부정적인 방법도 가끔 사용함	① 부정적 방법을 더 많이 사용함	N/O

E-15. 유아간 갈등, 문제 해결에 개입

③ 유아가 스스로 해결 하도록 지도/ 교사가 적절히 개입함	② 교사가 해결해주는 경우가 가끔 있음	① 주로 교사가 해결함	N/O

E-16. 학급 전체 상황을 수시로 관찰

③ 모든 유아를 관찰하고 학급 전체 상황을 파악함	② 학급 전체 상황을 관찰하지 못하는 경우가 가끔 있음	① 학급 전체를 관찰하지 않음	N/O

E-17. 교사가 함께 놀이에 참여하고 즐김

③ 놀이에 참여하고 즐김	② 참여하나 즐기지 않을 때도 있음	① 놀이에 거의 참여 안 함	N/O

E-18. 놀이의 지속과 확장을 위한 상호작용

③ 유아의 놀이 지속과 확장을 위해 자료를 제공하고 제언함	② 유아의 놀이에 주로 단순한 반응을 함	① 유아의 놀이에 개입하지 않거나 부적절한 반응을 함	N/O

(1)평정점수	3	2	1	N/O	영역 총점 (N/O문항이 없는 경우)	수정된 총점 (N/O문항이 있는 경우)
(2)문항수						
(1)X(2)점수						

〈부록 3〉

어린이집 프로그램 관찰척도 영역별 점수 기록표

영역(문항번호)	영역 점수	영역 최고점수	하위 영역 점수	하위 영역 최고점수
A. 물리적 환경	☐	33		
실내 공간과 설비(1~5)			☐	15
실내외 시설과 설비의 안전(6~8)			☐	9
실외 공간과 설비(9~11)			☐	9
B. 건강 · 안전 · 영양	☐	33		
실내 시설의 청결과 위생(1~4)			☐	12
급 · 간식의 관리(5~6)			☐	6
유아의 건강과 안전(7~11)			☐	15
C. 학습 환경	☐	57		
영아반 : 보육실의 구성(1)			☐	3
놀잇감의 구비 정도(2~8)			☐	21
유아반 : 보육실의 구성(9~12)			☐	12
놀잇감과 교재의 구비 정도(13~19)			☐	21
D. 교육 경험 및 활동	☐	42		
영아반 : 놀이 경험과 활동(1~3)			☐	9
유아반 : 활동의 균형과 선택 가능성(4~7)			☐	12
다양한 놀이와 활동(8~14)			☐	21
E. 교사-영유아 상호작용	☐	54		
영아반 : 언어적 상호작용(1~3)			☐	9
교사의 수용적 · 반응적 태도(4~5)			☐	6
긍정적 행동 지도(6~8)			☐	9
유아반 : 교사의 수용적 · 반응적 태도(9~11)			☐	9
언어적 상호작용(12~13)			☐	6
긍정적 행동 지도(14~16)			☐	9
놀이 참여와 확장 관련 상호작용(17~18)			☐	6
총 점	☐	219		

기관명: ＿＿＿＿＿＿＿＿＿　　관찰시기: ＿＿＿＿＿＿＿　　관찰자: ＿＿＿＿＿＿＿

〈부록 4〉

어린이집 프로그램 관찰척도 점수 프로파일

	물리적 환경	건강·안전·영양	학습 환경	교육 경험 및 활동	교사-영유아 상호작용	총 점
우수한 운영	33	33	57	42	54	219
			56	41	53	215
	32	32	55	40	52	210
			54		51	205
	31	31	53	39	50	200
			52	38	49	
	30	30	51	37	48	195
			50		47	190
	29	29	49	36	46	186
중간 수준의 운영	28	28	48	35	45	185
	27	27	47	34	44	170
			46		43	175
	26	26	45	33	42	170
			44	32	41	165
	25	25	43	31	40	160
			42		39	
	24	24	41	30	38	155
			40	29	37	150
	23	23	39		36	
			38	28	35	145
	22	22	37	27	34	140
			36			
	21	21	35	26	33	135
	20	20	34	25	32	129
부적합한 운영	19	19	33	24	31	128
			32	23	30	125
	18	18	31		29	120
			30	22	28	115
	17	17	29	21	27	110
	16	16	28	20	26	105
			27		25	
	15	15	26	19	24	100
			25	18	23	95
	14	14	24	17	22	90
	13	13	23		21	85
			22	16	20	80
	12	12	21	15	19	75
			20			
	11	11	19	14	18	73

기관명: _____   관찰시기: _____   관찰자: _____

〈부록 5〉

자체 평가용 어린이집 운영 관리 평가척도

목적 : ① 어린이집의 전반적인 운영 관리에 대한 자체 평가
      ② 어린이집 운영 관리 측면의 개선

실시방법 : ① 원장 또는 원감이 평가한다.
      ② 해당 년도 어린이집에서 일상적으로 진행되고 있는 운영의 실제에 기초하여
        응답한다.
      ③ 각 문항의 3가지 예문 중 담당 어린이집의 실제에 **가장 가깝다고 생각되는**
        예문을 골라 앞의 괄호에 ∨표시한다.

평가영역별 문항수 :

평가영역	문항수
1. 물리적 환경	13
2. 건강 · 안전 · 영양	12
3. 교직원	10
4. 가정 및 지역사회 연계	7
5. 전반적인 교육 과정 운영	7
계	49

어린이집 운영 관리 평가척도

1. 물리적 환경

1. 보육실 공간이 영유아가 활동하기에 충분히 넓다.
   - (　　) 모든 보육실 공간이 영유아가 활동하기에 충분히 넓다.
   - (　　) 영유아가 활동하기에 충분히 여유 있는 보육실의 수가 전체 보육실의 절반 이상이다.
   - (　　) 영유아가 활동하기에 충분히 여유 있는 보육실의 수가 전체 보육실의 절반 미만이다.

2. 실내 공간에는 환기, 조명, 냉방 및 난방 시설이 잘 되어 있다.
   - (　　) 환기, 조명, 냉방 및 난방 시설이 모두 잘 되어 있어 쾌적한 환경을 유지한다.
   - (　　) 위의 시설 중 1가지는 잘 되어 있지 않다.
   - (　　) 위의 시설 중 2가지 이상이 잘 되어 있지 않다.

3. 보육 활동 지원을 위한 공간과 설비가 마련되어 있다.
   - (　　) 보육 활동 지원을 위한 유아용 화장실, 유희실, 식당, 부모용 대기 공간 등이 있다.
   - (　　) 유아용 화장실은 있으나 유희실, 식당, 부모용 대기 공간 중 일부의 공간만 있다.
   - (　　) 유아용 화장실은 있으나 보육 활동 지원을 위한 별도의 공간이나 설비가 없다.

4. 교직원에게 필요한 시설 및 설비가 마련되어 있다.
   - (　　) 교직원에게 필요한 교사실, 성인용 화장실, 휴식 공간(예: 소파), 개인 사물함(예: 옷장, 보관용 서랍장) 등이 있다.
   - (　　) 교사실과 성인용 화장실은 있으나 휴식 공간, 개인 사물함 중에서 일부의 시설 및 설비만 있다.
   - (　　) 성인용 화장실은 있으나 교직원에게 필요한 다른 시설이 거의 없다.

5. 영유아가 개인별로 소지품을 보관할 수 있는 설비가 마련되어 있다.
   - (　　) 영유아별로 개인 사물함, 신발장, 옷걸이 또는 개인용 바구니 등의 설비가 충분히 마련되어 있다.
   - (　　) 위의 설비 중 2가지가 있다.
   - (　　) 위의 설비 중 1가지만 있다.

6. 비품과 교육 자료의 보관을 위한 장소가 마련되어 있다.

( ) 현재 사용하지 않는 비품과 교육 자료를 보관할 창고 또는 자료실이 있다.

( ) 창고 또는 자료실이 있으나 보관할 장소가 부족하다.

　　(교재장을 교실 또는 복도에 설치함)

( ) 보관할 창고나 자료실이 따로 없다.

7. 출입문과 창문의 상태는 안전하다.

( ) 현관과 보육실 등 출입문과 창문의 상태가 모두 안전하다.

　　(영유아의 보행을 방해하지 않는 문턱, 작동이 부드러운 출입문, 출입문에 손가락 끼임 방지를 위한 완충제 부착, 창문 유리가 파손되어 있지 않음)

( ) 출입문과 창문의 상태가 대체로 안전하나 부분적으로 안전이 우려되는 곳이 있다.

( ) 출입문이나 창문의 상태가 안전하지 못하다.

8. 실내 시설·설비는 안전하고 수리가 잘 되어 있다.

( ) 실내 시설·설비에 날카로운 면이나 위험한 돌출 부위가 없고 견고하며, 파손된 부분이 없다.

( ) 실내 시설·설비가 대체로 안전하나 약간 수리를 필요로 하는 부분이 있다.

( ) 실내 시설·설비에 위험한 요인이나 수리를 필요로 하는 부분이 분명히 있다.

9. 영유아를 위한 실외 공간이 있다.

( ) 영유아를 위한 실외 공간이 확보되어 있다.

　　(유아 40인 이상은 실외놀이터 의무 설치, 영유아 1인당 2.5m²(0.7평) 이상)

( ) 영유아를 위한 실외 공간이 부족하나 실외 공간을 대체할 공간이 있다.

　　(예: 실내 유희실, 옥상 놀이터, 인근 놀이터)

( ) 영유아를 위한 실외 공간이 없고 대체할 공간도 없다.

10. 실외 공간은 다양한 활동이 가능하도록 구성되어 있다.

( ) 실외 공간은 대근육 운동, 물·모래놀이, 자연 관찰 등 다양한 활동이 가능하도록 구성되어 있다.

( ) 실외 활동이 부분적으로만 가능하다(옥상이나 근린 공원 등 대체 공간 사용 포함).

( ) 실외 활동 공간이 없거나 어느 1종류만 가능하다.

11. 실외 바닥은 다양한 표면으로 되어 있다.

( ) 실외 바닥은 흙, 잔디, 모래, 콘크리트 등 다양한 표면으로 되어 있다.

( ) 실외 바닥은 주로 1종류로 되어 있으나 다른 표면도 일부 있다.

( ) 실외 바닥은 1종류의 재질로만 되어 있다.

12. 영유아의 조작 및 탐구 활동을 촉진시킬 수 있는 물 · 모래놀이 설비가 마련되어 있다.

( ) 영유아의 조작과 탐구 활동을 촉진시킬 수 있도록 물놀이대, 모래상자 또는 모래밭, 급 · 배수 시설 등의 다양한 설비가 있다.

( ) 물 · 모래놀이 설비 중 1, 2가지만 있다.

( ) 물 · 모래놀이 설비가 없다.

13. 실외 시설 · 설비는 안전하고 수리가 잘 되어 있다.

( ) 실외 시설 · 설비에 날카로운 면이나 위험한 돌출 부위나 위험물이 없고 견고하며, 파손된 부분이 없다.

( ) 실외 시설 · 설비가 대체로 안전하나 약간 수리를 필요로 하는 부분이 있다.

( ) 실외 시설 · 설비에 위험 요인이나 수리를 필요로 하는 부분이 분명히 있다.

2. 건강 · 안전 · 영양

1. 화장실과 세면장은 청결하며 세면장에는 깨끗한 수건, 비누 등이 정리되어 있다.

( ) 화장실과 세면장은 청결하며 깨끗하고 마른 수건(또는 일회용 수건)과 비누가 항상 비치되어 있다.

( ) 화장실과 세면장의 청결 및 수건과 비누의 비치 상태가 부분적으로 미흡하다.

( ) 화장실과 세면장은 불결하며 비누가 없거나 수건이 젖어 있다.

2. 보육실을 제외한 실내 시설이 청결하다.

( ) 보육실을 제외한 실내 시설(현관, 복도, 공유 공간)이 모두 청결하다.

( ) 실내 시설의 청결 상태가 미흡한 곳이 있다.

( ) 실내 시설이 청결하지 못하다.

3. 주방 내의 급식 설비가 청결하고, 식기류는 건조하게 보관된다.
   ( ) 주방 내의 급식 설비가 청결하고, 식기류(예: 컵, 수저, 식판, 간식용 접시)는 건조하게 보관된다.
   ( ) 급식 설비와 식기류의 청결 및 건조 상태가 부분적으로 미흡하다.
   ( ) 급식 설비와 식기류가 청결하지 못하다.

4. 교사는 위생과 청결을 유지하기 위해 수시로 손을 씻는다.
   ( ) 교사는 위생과 청결을 유지하기 위해 배변 지도 후, 음식을 다루기 전, 실외 및 지저분한 활동 후 반드시 손을 씻는다.
   ( ) 교사는 위의 경우 대체로 손을 씻으나 가끔 못 씻는 경우도 있다.
   ( ) 교사는 반드시 손을 씻어야 할 때 씻지 못하는 경우가 많다.

5. 어린이집은 질병 증세를 보이는 영유아에게 취할 절차를 정하고, 이를 시행한다.
   ( ) 어린이집은 질병 증세를 보이는 영유아에게 취할 적절한 조치를 정하고, 이를 시행한다(예: 상황에 따라 격리 보호, 부모에게 연락, 귀가, 출석 제한, 병원 후송, 부모의 서면 요구시 투약).
   ( ) 질병 증세를 보이는 영유아를 위한 절차는 있으나 시행이 일관적이지 못하다.
   ( ) 질병 증세를 보이는 영유아에 대한 절차가 정해져 있지 않다.

6. 전염병이나 질병에 대한 예방 및 관리 대책을 구체적으로 마련한다.
   ( ) 전염병이나 질병의 예방과 관리를 위한 체계적이고 구체적인 대책이 마련되어 있다(예: 질병 및 전염병에 대한 정보 게시, 예방 접종의 홍보, 질병에 걸린 영유아를 위한 조치, 영유아의 건강 검진).
   ( ) 예방 및 관리 대책이 마련되어 있으나 구체적이지 않다.
   ( ) 전염병에 대한 예방 및 관리 대책이 마련되어 있지 않다.

7. 영유아를 보호자에게 인계하는 과정에 대한 규칙을 정하고 실시한다.
   ( ) 영유아의 인계 과정에 대한 규칙을 정하고, 이를 철저하게 실시한다.
       (예: 서면으로 제출된 보호자에게 인계, 차량 운행시 교직원이 탑승하여 보조 하고 보호자에게 직접 인계)
   ( ) 영유아의 인계 과정에 대한 규칙이 있으나 이를 철저하게 지키지는 못한다.
   ( ) 영유아의 인계 과정에 대한 규칙이 없다.

8. 영유아의 사고에 대해 어린이집이 갖는 책임의 한계를 정하고, 이를 부모에게 알린다.
( ) 영유아의 사고에 대해 어린이집이 갖는 책임의 한계가 명확하게 문서의 형태로 규정되어 있고, 이를 부모에게 알린다.
( ) 어린이집의 책임 한계가 정해져 있으나 이를 정식으로 부모에게 알리지는 않는다.
( ) 영유아의 사고에 대한 책임의 한계나 규정이 정해져 있지 않다.

9. 비상시 연락처를 전화기 근처에 게시하며, 대처 방안이 마련되어 있다.
( ) 비상시 연락처(예: 병원, 소방서, 경찰서, 구조대)를 전화기 근처에 게시하며, 대처 방안(예: 대피 요령, 응급 처치)이 구체적으로 마련되어 있다.
( ) 비상시 연락처가 게시되어 있으나 대처 방안이 구체적으로 마련되어 있지 않다.
( ) 비상시 연락처가 게시되어 있지 않고, 대처 방안도 마련되어 있지 않다.

10. 사고나 위험한 상황에 대비하여 교직원과 영유아에게 정기적으로 안전 교육을 실시한다.
( ) 사고나 위험한 상황에 대비하여 교직원과 영유아에게 월 1회 이상 안전 교육을 실시한다(예: 소방 훈련, 응급 처치, 위험한 일이나 장소에 대한 이야기나누기).
( ) 안전 교육을 실시하고 있으나 정기적이지는 않다.
( ) 안전 교육을 실시하지 않는다.

11. 안전에 관한 기록과 문서를 보관하고 있다.
( ) 안전에 관한 기록과 문서를 충실히 보관하고 있다.
    (예: 소방훈련일지, 시설 점검 상황표, 비상시 대처 절차, 안전사고 보고서)
( ) 안전에 관한 기록과 문서를 보관하고 있으나 기록이 미흡하다.
( ) 안전에 관한 기록과 문서가 없다.

12. 급·간식의 영양이 풍부하고 다양한 종류의 식단으로 제공된다.
( ) 영양소와 조리 형태가 적합한 식단으로 급·간식이 제공된다
( ) 영양소와 조리 형태가 부분적으로 적합하지 않은 것이 있다.
( ) 영양소와 조리 형태가 적합하지 않다.

3. 교직원

1. 교사는 영유아 보육 관련 전공자로서 보육 교사 자격증을 가지고 있다.
   - (   ) 교사는 영유아 보육 관련 전공자로서 모두 보육 교사 1급 자격증을 가지고 있다.
      - (예: 아동학, 유아 교육, 아동 · 가족 복지 전공)
   - (   ) 교사는 보육 교사 1급 또는 2급 자격증을 가지고 있다.
   - (   ) 교사 중 일부는 보육 교사 자격증을 가지고 있지 않다.

2. 새로 임용되는 교직원에게는 어린이집의 교육 철학 및 운영 방침 등을 소개하는 오리엔테이션을 실시한다.
   - (   ) 새로 임용되는 교직원에게는 사전에 어린이집의 교육 철학 및 운영 방침 등을 설명하고 실무를 안내하는 체계적인 오리엔테이션을 실시한다.
   - (   ) 오리엔테이션을 실시하지만 간략히 이루어진다.
   - (   ) 신임 교직원에게 어린이집에 대한 오리엔테이션을 실시하지 않는다.

3. 원장은 인사 정책과 교직원의 직무에 관한 지침을 제공한다.
   - (   ) 원장은 인사 정책과 교직원의 직무에 관한 세부적인 지침을 제공한다.
      - (예: 근무 조건, 휴가, 평가, 업무 내용, 업무 분담, 징계)
   - (   ) 원장은 인사 정책과 교직원의 직무에 대한 지침을 제공하나 개략적이다.
   - (   ) 인사 정책과 교직원의 직무에 대한 원장의 지침이 거의 없다.

4. 교직원 평가 결과는 인사 관리 및 재교육에 관한 의사 결정에 활용한다.
   - (   ) 교직원 평가 결과는 직급 승진이나 봉급 인상, 징계 등의 인사 관리 및 재교육에 관한 의사 결정에 반영된다.
   - (   ) 교직원 평가 결과는 인사 관리 및 재교육에 관한 의사 결정에 부분적으로 반영된다.
   - (   ) 교직원 평가 결과가 거의 반영되지 않거나 임의적으로 반영된다.

5. 교직원의 재교육 및 전문성 향상을 위한 시간이 정기적으로 마련되어 있다.
   - (   ) 교직원의 재교육 및 전문성 향상을 위한 시간이 월 1회 이상 마련되어 있다.
      - (예: 세미나, 연구 수업, 워크숍)
   - (   ) 교직원의 재교육 시간이 정기적으로 정해져 있지 않으나 필요에 따라 실시한다.
   - (   ) 교직원의 재교육 및 전문성 향상을 위한 시간이 거의 없다.

6. 교사용 전문서적, 비디오 테이프, CD-ROM 타이틀 등의 자료들을 갖추고 있다.
( ) 교사용 전문서적, 비디오 테이프, CD-ROM 타이틀 등의 다양한 자료를 어린이집의 예산으로 구입하여 갖추고 있다.
( ) 교사용 자료가 서적 등에 제한되어 있으며, 자료는 어린이집에서 구입할 때도 있고 교사 개인이 구입할 때도 있다.
( ) 어린이집 예산으로 구입한 교사용 자료가 거의 없다.

7. 교사는 정기적으로 외부에서 실시하는 재교육에 참가하며, 비용을 지원 받는다.
( ) 교사는 적어도 1년에 2회 이상의 강습회, 세미나, 견학 등 재교육에 참가하며 비용을 전액 지원 받는다.
( ) 교사는 1년에 2회 이상의 재교육에 참가하나 비용의 일부만 지원을 받는다.
( ) 교사의 재교육에 대한 어린이집의 지원이 거의 없다.

8. 원장은 전문성을 향상시키기 위해 연수, 강습회 등에 참석한다.
( ) 원장은 연수, 강습회, 세미나 등에 기회 있을 때마다 참석한다.
( ) 원장은 연수, 강습회, 세미나 등에 가끔 참석한다.
( ) 원장은 연수, 강습회, 세미나 등에 거의 참석하지 않는다.

9. 같은 연령(또는 학급)을 담당하는 교사들은 함께 일과 활동을 계획하고 준비하는 시간을 갖는다.
( ) 같은 연령(또는 학급)을 담당하는 교사들은 함께 일과 활동을 계획하고 준비함으로써 의사소통을 원활히 하고 자료를 공유한다.
( ) 같은 연령(또는 학급)을 담당하는 교사들이 일과 활동을 함께 계획하거나 준비할 기회가 충분치 못하다.
( ) 같은 연령(또는 학급)을 담당하는 교사들이 함께 일과 활동을 계획하고 준비하는 경우가 거의 없다.

10. 교직원 간의 체계적인 의사소통을 통해 하루일과 중 영유아와 관련된 사항이 부모에게 전달된다.
( ) 교직원들 간의 체계적인 의사소통(예: 알림판, 서면)을 통해 하루일과 중 영유아와 관련된 사항이 반드시 부모에게 전달된다.
( ) 교직원들 간의 의사소통이 체계적이지 않아서 영유아와 관련된 사항이 부모에게 전달되지 않는 경우도 가끔 있다.
( ) 하루일과 중 영유아와 관련된 사항이 부모에게 전달되지 않는 경우가 많다.

4. 가정 및 지역사회 연계

1. 어린이집의 목적, 교육 철학, 운영 방침, 연간 계획 등을 서술한 부모용 안내 자료가 있다.
   - (   ) 어린이집의 목적, 교육 철학, 운영 방침, 연간 계획 등을 상세히 서술한 부모용 안내 자료가 있다.
   - (   ) 부모용 안내 자료가 있지만, 위의 정보 중에서 충분히 설명하지 못하는 부분도 있다.
   - (   ) 부모용 안내 자료가 간단하고 등록에 필요한 기본적인 정보만 갖고 있다.

2. 학기초 부모를 위한 오리엔테이션 모임을 갖는다.
   - (   ) 학기초 부모를 위한 체계적인 오리엔테이션 모임을 갖고, 운영 방침 등을 부모와 논의한다.
   - (   ) 부모 오리엔테이션은 있으나 주로 어린이집의 방침을 전달한다.
   - (   ) 부모 오리엔테이션을 안내 책자로 대신한다.

3. 어린이집은 다양한 방식으로 가정과 긴밀하게 의사소통을 한다.
   - (   ) 어린이집은 가정과 상호 긴밀한 의사소통을 위해 다양한 방법을 사용한다.
     (예: 일일 보고서, 게시판, 가정통신문, 전화, 이메일)
   - (   ) 어린이집은 주로 게시판, 가정통신문을 통해 가정과 의사소통을 하며, 간혹 일일 보고서나 전화를 사용한다.
   - (   ) 어린이집은 주로 게시판이나 가정통신문으로 가정과 의사소통을 하며, 다른 방법은 거의 사용하지 않는다.

4. 영유아의 발달 및 지도에 관한 의견 교환을 위해 교사는 정기적으로 부모 면담을 한다.
   - (   ) 교사는 최소 1년에 2회 이상 전체 부모를 대상으로 면담을 한다.
   - (   ) 교사는 1년에 1회 전체 부모를 대상으로 면담을 한다.
   - (   ) 전체 부모를 대상으로 한 면담은 없으나 필요한 부모들은 면담을 한다.

5. 부모 교육은 다양한 방법으로 실시된다.
   - (   ) 부모 교육은 다양한 방법으로 실시된다.
     (예: 강연회, 부모 간담회, 부모 참여 활동, 자원 봉사)
   - (   ) 부모 교육이 2가지 정도의 방법으로 실시된다.
   - (   ) 부모 교육에 1가지 방법(예: 강연회)만 사용된다.

6. 특수한 요구가 있거나 문제 행동을 보이는 영유아를 돕기 위해 관련 전문가에게 자문과 협조를 구한다.

( ) 어린이집은 특수한 발달적 요구가 있거나 문제 행동을 보이는 영유아를 돕기 위해 관련 전문가에게 자문을 구하고 협동적으로 문제를 해결하도록 노력한다.

( ) 문제 행동을 보이는 영유아는 관련 전문가에게 가서 상의하도록 권유한다.

( ) 어린이집은 문제 행동을 보이는 영유아를 위해 특별한 조치를 취하지 않는다.

7. 지역사회의 관련 기관과 협조 체제를 원활하게 유지하고 있다.

( ) 지역사회의 다양한 관련 기관(병원, 소방서, 경찰서, 도서관, 초등학교, 대학 등)과 협조 체제를 유지하고 있다.

( ) 지역사회의 관련 기관 중 2, 3곳 정도 기관과 협조 체제를 유지하고 있다.

( ) 지역사회의 관련 기관 중 1곳 정도 협조 체제를 유지하고 있다.

5. 전반적인 교육 과정 운영

1. 교육 계획은 영유아의 발달 수준에 적합하며, 지역사회의 문화와 부모의 배경 특성을 반영한다.

( ) 연간 또는 월간 계획은 영유아의 발달 수준에 따라 차별화되어 있고, 가정과 지역사회 특성이 반영되어 있다(예: 농촌/도시, 사회·경제 계층, 공단 지역).

( ) 연간 또는 월간 계획은 영유아의 발달 수준을 고려한 것이나 가정과 지역사회의 특성은 반영되지 않는다.

( ) 연간 또는 월간 계획은 영유아의 발달 수준이 고려되어 있지 않으며, 가정과 지역사회 특성도 반영되지 않는다.

2. 정적 활동과 동적 활동이 균형 있게 이루어진다.

( ) 정적 활동(예: 이야기나누기, 그림 그리기, 동화듣기)과 동적 활동(예: 신체 표현, 게임, 실외놀이)이 균형 있게 순서를 바꾸어가며 이루어진다.

( ) 정적 활동이나 동적 활동이 모두 이루어지나 한쪽이 더 많다.

( ) 정적 활동을 주로 한다.

3. 평일 보육 시간은 관계 법규에 부합되며, 대상 가족의 필요에 따라 융통성을 갖는다.
   (   ) 보육 기준 시간(12시간)을 지키며, 대상 가족의 필요에 따라 별도의 대책이 마련되어 있다.
   (   ) 보육 기준 시간(12시간)을 지키며, 개별 가족의 요구는 상황에 따라 대처한다.
   (   ) 보육 기준 시간(12시간)을 항상 지키지는 않는다.

4. 신입 원아의 적응을 위한 오리엔테이션 절차가 있으며 체계적으로 시행한다.
   (   ) 신입 원아의 적응을 위한 오리엔테이션 계획에 따라 적응 기간을 가지며, 부모와의 협조하에 진행한다.
   (   ) 신입 원아 오리엔테이션은 있지만 체계적인 절차 없이 담당 교사가 실시한다.
   (   ) 신입 원아 오리엔테이션 절차가 없다.

5. 영유아에 관한 각종 기록과 문서를 정리하여 영유아 지도에 활용한다.
   (   ) 영유아에 관한 기록과 문서를 5가지 이상 정리하여 이를 활용한다.
   　　　　(예: 생활기록부, 행동 관찰, 부모 면담 자료, 출결 사항, 응급시 연락처)
   (   ) 영유아에 관한 기록과 문서 중 2,3가지 정도를 보관하고 있다.
   (   ) 영유아에 관한 기록과 문서 중 1가지 기본적인 기록만 보관하고 있다.

6. 프로그램 평가 결과는 교직원 회의에서 논의되며, 프로그램의 개선에 활용한다.
   (   ) 프로그램 평가를 위해 최소 1가지의 객관적 자료를 수집하며, 이 결과를 교직원들이 논의함으로써 프로그램의 개선을 위해 활용한다.
   (   ) 프로그램 평가가 비형식적으로 이루어지고 논의되기는 하지만 프로그램 개선에는 부분적으로만 사용된다.
   (   ) 프로그램 평가 결과가 비형식적이고, 프로그램 개선에 활용되지 못한다.

7. 프로그램의 질적인 향상을 위해 교사는 정기적으로 전문가의 장학 지도를 받는다.
   (   ) 전문가의 장학 지도 계획이 수립되어 있어 이에 따라 진행한다.
   (   ) 전문가의 장학 지도 계획은 없으나 필요에 따라 실시한다.
   (   ) 전문가의 장학 지도를 받는다.

〈부록 6〉

자체 평가용 어린이집 영아반 평가척도

목적 : ① 어린이집 영아반(1~2세)에 대한 자체 평가
　　　　② 어린이집 영아반 프로그램의 개선

실시방법 : ① 영아반 담당 교사가 평가한다.
　　　　　② 영아반에서 일상적으로 진행되고 있는 실제에 기초하여 응답한다.
　　　　　③ 각 문항의 3가지 예문 중 담당 학급의 **실제에 가장 가깝다고 생각되는**
　　　　　　 예문을 골라 앞의 괄호에 ∨표시한다.

평가영역별 문항수 :

평가영역	문항수
1. 놀이 환경	11
2. 놀이 활동	8
3. 일상적 양육	8
4. 건강과 안전	11
5. 교사-영아 상호작용	9
계	47

어린이집 영아반 평가척도

1. 놀이 환경

1. **보육실은 영아 발달에 적합한 놀이 활동 영역으로 구별되어 있다.**
   ( ) 놀이 활동 영역이 구별된다(예: 신체 영역, 언어 영역, 탐색 영역, 기저귀갈기 영역).
   ( ) 놀이 활동 영역 간에 구별이 잘 안 된다.
   ( ) 놀이 활동 영역 간의 구별이 없다.

2. **보육실 내에 미끄럼, 밀기 등의 대근육 활동을 위한 공간이 있다.**
   ( ) 기어오르기, 미끄럼, 밀기 등의 대근육 활동을 위한 공간이 있다.
   ( ) 대근육 활동을 위한 교구는 있으나 공간이 충분하지 않다.
   ( ) 대근육 활동을 위한 공간이 없다.

3. **기저귀갈기 영역과 수유 공간이 있고, 영아에게 시각적 자극을 줄 설비가 있다.**
   ( ) 하루일과 중에 언제든지 기저귀갈기와 수유를 할 수 있는 공간이 있고, 모빌이나 거울 등이 있어서 영아에게 시각적 자극을 줄 수 있다.
   ( ) 기저귀갈기 영역과 수유 공간은 따로 있으나, 영아에게 시각적 자극을 줄 설비가 없다.
   ( ) 기저귀갈기 영역과 수유 공간이 필요하나 별도로 마련되어 있지 않다.
   ( ) 기저귀갈기 및 수유 대상 영아가 없다.

4. **감각과 조작을 위한 다양한 놀잇감이 있다.**
   ( ) 감각과 조작을 위한 놀잇감이 5종류 이상 있다.
   　　(예: 감각놀이대/감각놀이판/밀가루 반죽/움직일 때 소리 나는 놀잇감/누르면 나오는 까꿍 놀잇감/나무망치 등의 두드리는 놀잇감/모양분류상자 등의 넣고 꺼내는 놀잇감/고리끼우기, 큰 레고블록 등의 끼우고 빼는 놀잇감/조각이 큰 그림 맞추기)
   ( ) 감각 및 조작 놀잇감이 3, 4종류 있다.
   ( ) 감각 및 조작 놀잇감이 2종류 이하이다.

5. 보육실 내에 대근육 활동 기구가 다양하게 있다.

( ) 대근육 활동 기구가 4종류 이상 있다.

(예: 다양한 크기의 공/페달 없이 발로 움직이는 타는 기구(붕붕차)/끌차,

유모차/흔들말/오름틀과 미끄럼틀, 낮은 계단/매트)

( ) 대근육 활동 기구가 2, 3종류 있다.

( ) 대근육 활동 기구가 1종류뿐이거나 없다.

6. 영아의 긍정적인 자아인식 능력의 발달을 돕는 놀잇감이 있다.

( ) 영아가 자기 모습을 볼 수 있는 전신거울과 다양한 옷 종류, 신발과 가방 등의

소품, 인형 등의 놀잇감이 있다.

( ) 전신거울은 있으나 옷 종류와 소품, 인형 등의 놀잇감이 다양하지 못하다.

( ) 전신거울이 없거나 관련 놀잇감이 2가지 이하이다.

7. 음률 활동을 위한 다양한 놀잇감이 있다.

( ) 음률 활동을 위한 놀잇감이 4종류 이상 있다.

(예: 종, 방울, 마라카스, 작은북 등의 리듬악기/실로폰/카세트 레코더, 테이프/

리본막대)

( ) 음률 활동을 위한 놀잇감이 2, 3종류 있다.

( ) 음률 활동을 위한 놀잇감이 1종류뿐이거나 없다.

8. 언어 발달을 위한 다양한 놀잇감이 있다.

( ) 언어 발달을 위한 놀잇감이 4종류 이상 있다.

(예: 다양한 종류의 그림책/여러 가지 사진/손인형, 막대인형/카세트 레코더,

듣기 테이프)

( ) 언어 발달을 위한 놀잇감이 2, 3종류 있다.

( ) 언어 발달을 위한 놀잇감이 1종류뿐이거나 없다.

9. 미술 활동을 위한 다양한 자료가 있다.

( ) 미술 활동을 위한 자료가 5종류 이상 있다.

(예: 여러 종류의 종이/크레파스, 색연필/안전가위/풀/테이프)

( ) 미술 활동을 위한 자료가 3, 4종류 있다.

( ) 미술 활동을 위한 자료가 2종류 이하이다.

10. 교사는 활동 영역별 놀잇감을 적절하게 변화시킨다.
 (   ) 교사는 교육 주제나 계절, 영아의 흥미 등에 따라 놀잇감을 적절하게 변화시킨다.
 (   ) 놀잇감을 바꾸기는 하나 교육 주제나 계절, 영아의 흥미를 고려하지 못한다.
 (   ) 놀잇감의 변화가 거의 없다.

11. 영아들이 좋아하는 놀잇감은 동일한 것으로 여러 개 준비한다.
 (   ) 영아들이 좋아하는 놀잇감은 똑같은 것으로 여러 개 있다.
 (   ) 같은 놀잇감이 여러 개 있기는 하나 색깔이나 크기가 달라서 동일하지 못하다.
 (   ) 같은 놀잇감이 1, 2개만 있다.

2. 놀이 활동

1. 소근육 운동 및 조작 활동을 위한 놀이가 이루어진다.
 (   ) 끼우기, 넣고 빼기 등 소근육 운동과 조작 활동을 위한 놀이가 매일 이루어진다.
 (   ) 소근육 운동과 조작 활동을 위한 놀이가 주 3, 4회 이루어진다.
 (   ) 소근육 운동과 조작 활동을 할 수 있는 놀이가 주 1, 2회 이루어진다.

2. 대근육 기구나 공 등을 이용한 활발한 신체 활동이 이루어진다.
 (   ) 영아에게 적합한 대근육 기구들을 이용하여 기어오르기, 내려오기, 공놀이 등의 신체 활동이 매일 이루어진다.
 (   ) 신체 활동이 주 3, 4회 이루어진다.
 (   ) 신체 활동이 주 1, 2회 이루어진다.

3. 영아 발달에 적합한 그림책 보기, 이야기 듣기 활동이 이루어진다.
 (   ) 그림책 보기, 이야기 듣기 활동이 매일 이루어진다.
 (   ) 그림책 보기, 이야기 듣기 활동이 주 3, 4회 이루어진다.
 (   ) 그림책 보기, 이야기 듣기 활동이 주 1, 2회 이루어진다.

4. 영아 발달에 적합한 미술 활동이 이루어진다.
 (   ) 끄적거리기, 스티커 붙이기, 간단한 가위질 등 영아에게 적합한 미술 활동이 주 4, 5회 이루어진다.
 (   ) 영아에게 적합한 미술 활동이 주 2, 3회 이루어진다.
 (   ) 영아에게 적합한 미술 활동이 주 1회 이루어진다.

5. 다양한 종류의 음악 및 표현 활동이 이루어진다.

( ) 악기 두드리기, 여러 가지 소리 들어보기, 노래 부르기, 리본막대 흔들기 등의 음악 및 표현 활동이 주 4, 5회 이루어진다.

( ) 음악 및 표현 활동이 주 2, 3회 이루어진다.

( ) 음악 및 표현 활동이 주 1회 이루어진다.

6. 영아 발달에 적합한 쌓기놀이가 이루어진다

( ) 블록을 쌓고 무너뜨리기, 늘어놓기, 간단한 자동차놀이 등의 간단한 쌓기놀이가 주 4, 5회 이루어진다.

( ) 쌓기놀이가 주 2, 3회 이루어진다.

( ) 쌓기놀이가 주 1회 이루어진다.

7. 영아 발달에 적합한 소꿉놀이가 이루어진다.

( ) 상차리기, 엄마아빠놀이 등의 소꿉놀이가 주 4, 5회 이루어진다.

( ) 소꿉놀이가 주 2, 3회 이루어진다.

( ) 소꿉놀이가 주 1회 이루어진다.

8. 영아 발달에 적합한 물놀이와 모래놀이가 이루어진다.

( ) 물과 모래놀이가 주 3회 이상 이루어진다.

( ) 물과 모래놀이가 주 2회 정도 이루어진다.

( ) 물과 모래놀이가 주 1회 또는 그 이하로 이루어진다.

3. 일상적 양육

1. 교사는 급·간식 시간에 개별 또는 소집단으로 상호작용을 한다.

( ) 교사는 급·간식 시간에 영아에게 먹는 것을 격려하는 등 개별 또는 소집단으로 상호작용 한다.

( ) 교사는 영아에게 먹는 것을 격려하기는 하나 개별 또는 소집단으로 상호작용 하지 않는다.

( ) 교사는 급·간식 시간에 배식 및 먹이는 행동에 집중한다.

2. 식사 후 영아의 발달에 맞게 이닦기를 지도한다.
  (   ) 교사는 영아가 혼자서 칫솔질을 하거나 양칫물을 뱉을 수 있도록 격려하고,
      못하는 영아는 이닦기를 도와준다.
  (   ) 교사는 이닦기를 지도할 때 칫솔질을 못하거나 양칫물을 삼키는 등의 개별적
      인 차이를 고려하지 못한다.
  (   ) 교사는 식사 후 이닦기를 지도하지 않는다.

3. 낮잠 시간에 영아 자신의 침구를 사용하고, 쉽게 잠들 수 있는 분위기를 만들어준다.
  (   ) 영아 자신의 침구(베개와 이불)를 사용하게 하며, 부드러운 음악을 들려주거
      나 커튼으로 빛을 가려 쉽게 잠들 수 있는 분위기를 만들어준다.
  (   ) 자신의 침구를 사용하나 쉽게 잠들 수 있도록 별도의 배려를 해주지 못한다.
  (   ) 공동의 침구를 사용한다.

4. 낮잠 시간에 영아의 개별적인 낮잠 습관을 수용해준다.
  (   ) 교사는 낮잠 시간에 영아에 따라 말로 격려하거나 등을 두드려주는 등 영아의
      개별적인 낮잠 습관을 가능한 한 수용해준다.
  (   ) 영아의 개별적인 낮잠 습관을 수용하지 못하는 경우도 있다.
  (   ) 영아의 개별적인 낮잠 습관을 수용하지 못하고, 교사 자신의 방식으로 재운다.

5. 낮잠 시간에 먼저 일어나거나 잠들지 못한 영아를 위해 별도의 공간 및 활동을 제공
  한다.
  (   ) 먼저 일어나거나 잠들지 못한 영아를 위해 별도의 공간을 마련해주고, 책을
      읽어주거나 조용한 활동을 할 수 있도록 도와준다.
  (   ) 먼저 일어나거나 잠들지 못한 영아에게 공간을 마련해주기는 하나 별도의
      활동을 제공하지는 않는다.
  (   ) 먼저 일어나거나 잠들지 못한 영아를 위해 공간이나 활동이 제공되지 않는다.

6. 기저귀를 갈거나 화장실을 사용할 때 영아와 따뜻한 상호작용을 나눈다.
  (   ) 교사는 영아의 기저귀를 갈아주거나 영아가 화장실을 이용할 때 배변 행동을
      격려하는 등 개별적인 상호작용의 기회로 이용한다.
  (   ) 교사는 영아의 기저귀를 갈아주거나 영아가 화장실을 이용할 때 상호작용을
      못하는 경우도 있다.
  (   ) 교사는 영아의 기저귀만 갈아주거나 화장실만 안내한다.

7. 영아의 개별적인 발달에 맞추어 단계적으로 배변 훈련을 실시한다.
( ) 영아의 개별적인 수준에 맞게 배변을 지도하고 격려한다.
( ) 영아의 배변을 지도하기는 하나 개별적인 차이를 수용하지 못한다.
( ) 영아의 배변을 거의 지도하지 못한다.

8. 하루의 양육 일과는 영아의 신체 리듬과 개별성을 고려하여 진행된다.
( ) 하루의 양육 일과는 영아의 신체 리듬을 고려하여 일관성 있게 진행되며, 교사는 영아의 개별성을 배려한다.
( ) 하루의 양육 일과가 일관성 있게 진행되기는 하나 영아의 개별성을 배려하지 못할 때도 있다.
( ) 하루의 양육 일과가 일관성이 없고 영아의 개별성에 대한 배려도 없다.

4. 건강과 안전

1. 수유 영아가 있을 경우 우유는 위생적이고 청결하게 관리한다.
( ) 수유 영아를 위한 우유는 항상 냉장고에 보관하며, 우유병을 청결하게 관리한다.
( ) 수유 영아를 위한 우유는 냉장고에 보관하나 수유 전후의 우유병 관리가 허술하다.
( ) 수유 영아를 위한 우유를 냉장고에 보관하지 않을 때도 있다.
( ) 수유 영아가 없다.

2. 손 씻는 곳에 종이타월을 제공하거나 수건을 자주 교체한다.
( ) 종이타월을 제공하거나 수건을 자주 교체하여 마른 수건이 제공된다.
( ) 수건이 젖어 있는 경우도 있다.
( ) 수건이 대체로 젖어 있다.

3. 물컵은 청결하고 건조하게 관리한다.
( ) 물컵은 청결하고 건조하게 관리한다.
( ) 물컵은 청결하게 관리하나 건조하게 보관하고 있지는 않다.
( ) 소수의 물컵을 교체하지 않고 사용하여 관리 상태가 청결하지 않다.

4. 영아용 놀잇감은 세척이 용이하고, 더러워지기 쉬운 놀잇감은 자주 세척한다.
  ( ) 놀잇감은 세척이 용이한 재질로 만들어지고, 더러워지기 쉬운 놀잇감은 1주일에
      1회 이상 세척한다(예: 소꿉 그릇, 음식 모형, 작은 블록이나 조작놀잇감).
  ( ) 놀잇감은 세척이 용이하나 더러워지기 쉬운 놀잇감은 2주일에 1회 정도 세척한다.
  ( ) 더러워지기 쉬운 놀잇감은 1달에 1회 정도 세척한다.

5. 교사는 수유나 음식 준비하기 전, 기저귀 갈아준 후에 반드시 손을 씻는다.
  ( ) 교사는 수유나 음식을 준비하기 전, 기저귀 갈아준 후에 반드시 손을 씻는다.
  ( ) 교사는 손을 반드시 씻어야 할 때 씻지 않는 경우가 가끔 있다.
  ( ) 교사는 하루에 2번 정도 손을 씻는다.

6. 기저귀갈기 영역에는 필요한 용품이 구비되어 있고, 사용한 기저귀는 청결하게 처리
   한다.
  ( ) 기저귀갈기 영역에는 방수요·물수건·종이 기저귀·기저귀 팬티 등의 필요한
      용품이 항상 구비되어 있고, 사용한 기저귀는 청결하게 처리한다.
  ( ) 필요한 용품이 일부 구비되어 있지 않거나 사용한 기저귀가 청결하게 처리되지
      못할 때도 있다.
  ( ) 기저귀갈기 영역에는 필요한 용품이 구비되어 있지 않다.
  ( ) 기저귀를 사용하는 영아가 없다.

7. 보육실은 청결하고 환기가 되어 있으며, 습도가 적절하게 유지된다.
  ( ) 보육실은 청결하고 환기가 잘 되어 있으며(특히 실내놀이 시간 후, 식사 시간 후,
      낮잠 시간 후), 습도를 조절하기 위해 가습기 또는 제습기(에어컨) 등을 사용한다.
  ( ) 보육실은 청결하나 환기와 습도 조절이 미흡하다.
  ( ) 보육실의 청소 상태가 청결하지 못하다.

8. 교사는 실내 설비와 교재·교구의 안전 및 파손 여부를 매일 점검한다.
  ( ) 실내 환경에는 날카로운 모서리나 거친 표면, 부딪힐 위험의 요소, 위험한 놀잇감,
      삼키기 쉬운 조각 등이 없으며, 실내 설비 및 교재·교구의 안전과 파손 여부를
      매일 점검한다.
  ( ) 실내 환경에는 위험 요소가 없으나 실내 설비 및 교재·교구를 매일 점검하지는
      못한다.
  ( ) 실내 환경에 날카로운 모서리나 거친 표면 등의 위험 요소가 가끔 있다.

9. 위험한 물건은 영아의 손이 닿지 않는 곳에 보관한다.
( ) 약품이나 교사용 가위, 세척제 등의 위험한 물건은 영아의 손이 닿지 않는 곳에 보관한다.
( ) 위험한 물건을 영아의 손이 닿지 않는 곳에 보관하나 가끔 지켜지지 못할 때도 있다.
( ) 위험한 물건을 영아의 손이 닿는 곳에 두고 있다.

10. 전기 콘센트에는 안전덮개가 있다.
( ) 영아의 손이 닿는 곳의 모든 전기 콘센트에는 안전 덮개가 있다.
( ) 안전덮개가 없는 전기 콘센트가 1개 있다.
( ) 안전덮개가 없는 전기 콘센트가 2개 이상이다.

11. 교사는 교사 주위에 있지 않은 영아를 수시로 확인하며, 학급 전체 상황을 관찰한다.
( ) 교사는 영아들이 어디에 있는지 수시로 확인하며, 학급 전체에서 일어나는 상황을 관찰하고 있다.
( ) 교사는 교사 주위에 있는 영아 외의 학급 전체 상황을 관찰하지 못하는 경우가 가끔 있다.
( ) 교사와 함께 있는 영아에게만 시선을 집중한다.

5. 교사-영아 상호작용

1. 교사는 영아와 이야기를 나눌 때 단순하고 구체적인 언어를 사용한다.
( ) 교사는 영아와 이야기를 나눌 때 영아의 발달 수준에 맞는 단순하고 구체적인 언어를 사용한다.
( ) 영아에게 단순하고 구체적인 언어를 사용하지 못할 때도 있다.
( ) 영아에게 길게 말하거나 어려운 말을 사용한다.

2. 교사는 영아의 발성이나 말을 주의깊게 듣고 명료화시켜 반응한다.
( ) 교사는 항상 영아의 발성이나 말을 주의깊게 들으며 영아의 말을 정확한 표현으로 다시 말해주는 등 명료화시켜 준다(예: "빵빵" → "자동차를 갖고 싶니?").
( ) 영아의 발성이나 말에 대해 명료화시켜 주지 못할 때도 있다.
( ) 영아의 발성이나 말에 대해 언어로 반응하지 못한다.

3. 교사는 영아의 행동에 대해 부정적인 언어보다 긍정적인 언어를 사용한다.
   (   ) 교사는 영아의 행동에 대해 비평하거나 간섭하는 등의 부정적인 언어보다는
         긍정적인 언어를 사용한다(예: "여기서 놀면 안 돼" → "저기서 놀자").
   (   ) 영아의 행동에 대해 부정적인 언어를 가끔 사용한다.
   (   ) 영아의 행동에 대해 부정적인 언어를 자주 사용한다.

4. 교사는 영아에게 행동의 한계에 대해 분명하게 말한다.
   (   ) 교사는 허용되는 행동과 허용되지 않는 행동을 알 수 있도록 영아의 행동에
         대해 '된다' 또는 '안 된다'를 분명하게 말해준다.
   (   ) 교사는 '된다' 또는 '안 된다'를 분명하게 말하지 않을 때도 있다.
   (   ) 교사는 '된다' 또는 '안 된다'를 분명하게 말하지 않는다.

5. 교사는 영아와 이야기를 나눌 때 영아의 눈높이에 맞게 자세를 낮춘다.
   (   ) 교사는 영아와 이야기를 나눌 때 항상 영아의 눈높이에 맞게 자세를 낮춘다.
   (   ) 영아와 눈높이를 맞추지 않고 이야기를 나누는 경우도 가끔 있다.
   (   ) 교사가 영아와 눈높이를 맞추지 않고 이야기하는 경우가 대부분이다.

6. 영아가 울거나 요구를 나타낼 때 교사는 적절하게 반응한다.
   (   ) 교사는 영아가 울거나 요구를 나타낼 때 민감하게 반응하되 요구를 즉각 해결해
         주어야 하는지 또는 기다려주어야 하는지를 상황에 따라 적절하게 반응한다.
   (   ) 교사는 영아가 울거나 요구를 나타낼 때 상황을 고려하나 적절하지 못한 경우도
         있다.
   (   ) 교사는 영아의 요구에 반응하지 않는 경우가 많다.

7. 교사는 영아의 탐색 행동에 민감하게 반응하고 상호작용 한다.
   (   ) 교사는 영아의 탐색을 위해 허용적인 분위기를 조성하고 탐색 행동을 격려하며,
         영아의 리듬과 속도에 맞추어 상호작용 한다.
   (   ) 교사는 허용적인 분위기를 조성하기는 하나 영아의 속도에 맞추기보다 교사의
         의도대로 상호작용을 이끌어간다.
   (   ) 교사는 영아의 탐색 행동에 허용적이지 않고 민감하게 반응하지 못한다.

8. 교사는 영아와 함께 놀이에 참여하면서 즐긴다.
　(　) 교사는 영아와 함께 놀이에 참여하고 이를 즐긴다.
　(　) 영아와 함께 놀이에 참여하지만 즐기지 않을 때도 있다.
　(　) 영아의 놀이에 거의 참여하지 않는다.

9. 다른 영아의 활동을 방해하는 영아에게 대안적인 활동을 제공한다.
　(　) 교사는 다른 영아의 놀잇감을 뺏고 활동을 방해하는 영아에게 대안적인 놀잇감을 찾아주거나 다른 재미있는 활동을 제공하여 주의를 돌릴 수 있도록 도와준다.
　(　) 다른 영아를 방해하지 못하게 하고 다른 놀잇감이나 활동을 제공하지만 대안적 활동이 적절하지 못한 경우도 있다.
　(　) 다른 영아를 방해하지 못하게 하나 대안적인 활동을 제공하지는 않는다.

〈부록 7〉

자체 평가용 어린이집 유아반 평가척도

목적 : ① 어린이집 유아반(3~5세)에 대한 자체 평가
② 어린이집 유아반 프로그램의 개선

실시방법 : ① 유아반 담당 교사가 평가한다.
② 유아반에서 일상적으로 진행되고 있는 실제에 기초하여 응답한다.
③ 각 문항의 3가지 예문 중 담당 학급의 실제에 **가장 가깝다고 생각되는**
예문을 골라 앞의 괄호에 ∨표시한다.

평가영역별 문항수 :

평가영역	문항수
1. 학습 환경	17
2. 교육 과정 계획	7
3. 교육 과정 운영	17
4. 건강과 안전	12
5. 교사-유아 상호작용	11
계	64

어린이집 유아반 평가척도

1. 학습 환경

1. 유아 발달에 적합한 흥미 영역이 구성되어 있다.
   (　　) 쌓기 · 역할 · 언어 · 수/조작 · 조형 영역을 포함한 흥미 영역이 5개 이상으로
   구성되어 있다(이상의 5개 영역 외에 과학 · 음률 영역 추가 포함 가능).
   (　　) 흥미 영역이 4개로 구성되어 있다.
   (　　) 흥미 영역이 3개 이하로 구성되어 있다.

2. 흥미 영역은 활동성과 물의 사용을 고려하여 배치하고 있다.
   (　　) 흥미 영역은 활동성 정도와 소음, 물 사용을 고려하여 배치하고 있다.
   (예: 언어 영역과 음률 영역이 떨어져 있다./조형 영역은 수도 시설과 인접하도록
   배치한다.)
   (　　) 활동성과 물의 사용을 고려하여 배치하고 있으나 한두 영역의 조정이 필요
   하다.
   (　　) 활동성과 물의 사용을 고려하지 않고 흥미 영역이 배치되어 있다.

3. 흥미 영역을 구분하는 가구가 낮고, 흥미 영역 간의 통로가 확보되어 있다.
   (　　) 영역을 구분 짓는 가구가 낮아서 교사가 전체 유아를 볼 수 있으며, 흥미 영역
   간의 통로가 확보되어 다른 유아의 놀이를 방해하지 않는다.
   (　　) 놀이실의 일부 가구들이 교사의 시야를 가리거나 한두 영역에서 통로가 확보
   되어 있지 않다.
   (　　) 가구들이 대부분 높아서 교사의 시야를 가리고 영역 간 통로가 확보되어 있지
   않다.

4. 실내에 유아가 혼자 활동하거나 휴식을 취할 공간이 있다.
   (　　) 유아 혼자 활동하거나 휴식을 취할 공간이 있고 부분 카펫이나 깔개, 쿠션 등이
   구비되어 있다.
   (　　) 유아 혼자 활동하거나 휴식을 취할 공간은 있지만 부분 카펫, 쿠션 등은 마련
   되어 있지 않다.
   (　　) 유아 혼자 활동하거나 휴식을 취할 공간이 없다.

5. 낮잠을 위한 공간의 확보가 가능하며, 조명이나 커튼 등을 이용하여 낮잠 분위기를
   조성한다.
   (　) 낮잠을 위한 공간이 따로 있거나 가구를 이용하여 쉽게 공간을 마련할 수 있으며,
   　　　조명이나 커튼 등으로 낮잠을 위한 분위기를 조성한다.
   (　) 낮잠을 위한 공간은 마련할 수 있으나 낮잠 분위기 조성은 부분적으로 가능
   　　　하다.
   (　) 낮잠을 위한 공간이 부족하고, 낮잠 분위기 조성이 어렵다.

6. 유아가 작업한 결과물이 유아의 눈높이에 맞게 전시되어 있다.
   (　) 유아가 작업한 결과물이 눈높이에 맞게 전시되어 있다.
   (　) 유아의 눈높이에 맞추어 전시되지 않은 결과물이 1, 2가지 있다.
   (　) 유아가 작업한 결과물이 전시되지 않거나 대부분 성인의 눈높이에 맞게 전시
   　　　되어 있다.

7. 보육실의 교재 · 교구는 개방식 장에 넣어 유아가 쉽게 사용할 수 있다.
   (　) 대부분의 교재 · 교구는 개방식 장에 넣고, 구분 표시가 되어 있다.
   　　　(예: 놀잇감의 그림 부착)
   (　) 교재 · 교구의 일부만 개방식 장에 넣고, 구분 표시가 되어 있다.
   (　) 대부분의 교재 · 교구는 폐쇄식 장에 보관되어 있고, 교사가 꺼내준다.

8. 교재 · 교구들은 주제에 따라 변화되고 교체된다.
   (　) 교재 · 교구들은 유아의 흥미와 주제에 따라 상당 부분 변화되고 교체된다.
   (　) 교재 · 교구들은 주제에 따라 일부만 변화되고 교체된다.
   (　) 교재 · 교구들은 거의 교체되지 않는다.

9. 쌓기놀이를 위한 다양한 자료가 구비되어 있다.
   (　) 쌓기놀이를 위한 놀잇감의 종류가 3종류 이상 있다.
   　　　(예: 종이블록/유니트블록/속 빈 블록/우레탄블록/와플블록)
   (　) 쌓기놀잇감이 2종류 있다.
   (　) 쌓기놀잇감이 1종류뿐이거나 없다.

10. 역할놀이를 위한 다양한 자료가 구비되어 있다.
    (　　) 역할놀이 자료가 5종류 이상 있다(예: 옷/구두/장신구/그릇/음식 모형/전화).
    (　　) 역할놀이 자료가 3, 4종류 있다.
    (　　) 역할놀이 자료가 2종류 이하이다.

11. 수/조작놀이를 위한 다양한 자료가 구비되어 있다.
    (　　) 수/조작놀이를 위한 자료가 5종류 이상 있다.
        (예: 수세기 자료, 수 퍼즐, 게임 카드, 보드 게임/레고, 도미노, 작은 블록류)
    (　　) 수/조작놀이를 위한 자료가 3, 4종류 있다.
    (　　) 수/조작놀이를 위한 자료가 2종류 이하이다.

12. 과학 활동을 위한 다양한 자료가 구비되어 있다.
    (　　) 유아가 탐색하고 조작할 수 있는 과학 활동 자료가 4종류 이상 있다.
        (예: 자석, 돋보기, 저울, 동·식물, 자연물)
    (　　) 탐색과 조작이 가능한 과학 활동 자료가 3종류 있다.
    (　　) 탐색과 조작이 가능한 과학 활동 자료가 2종류 이하이다.

13. 언어 활동을 위한 다양한 자료가 구비되어 있다.
    (　　) 언어 활동 자료가 듣기, 말하기, 쓰기, 읽기의 네 영역별로 다양하게 있다.
        (예: 카세트 테이프/손 인형, 막대동화/종이, 굵은 색연필/그림책, 화보)
    (　　) 세 영역에 관련된 언어 활동 자료가 있다.
    (　　) 언어 활동 자료가 한두 영역에 편중되어 있다(예: 책/쓰기 자료).

14. 음률 활동을 위한 다양한 자료가 구비되어 있다.
    (　　) 음률 활동을 위한 자료가 4종류 이상 있다.
        (예: 리듬 악기/가락 악기/리본 테이프, 스카프/음악 테이프)
    (　　) 음률 활동 자료가 2, 3종류 있다.
    (　　) 음률 활동 자료가 1종류 있다.

15. 미술 활동을 위한 다양한 자료가 구비되어 있다.
    (　　) 미술 활동을 위한 자료가 5종류 이상이고 수가 충분하다.
        (예: 종이류, 크레파스/가위, 풀/물감/수수깡, 빨대 등 소품류/폐품류)
    (　　) 미술 활동 자료가 3, 4종류이고 수가 충분하지 않다.
    (　　) 기본적인 자료로 2종류 이하이다.

16. 실내외에 신체 활동을 위한 교구들이 구비되어 있다.
    (　　) 실내외에 신체 활동을 위한 교구가 5종류 이상 있다.
        (예: 자전거/공/훌라후프/매트/뜀틀/평균대)
    (　　) 신체 활동을 위한 교구가 3, 4종류 있다.
    (　　) 신체 활동을 위한 교구가 2종류 이하 있다.

17. 실외에 모래놀이와 물놀이를 위한 자료가 구비되어 있다.
    (　　) 실외에 물·모래놀이를 위한 자료가 다양하다.
        (예: 삽, 그릇, 채, 숟가락/물통, 수로용 PVC관)
    (　　) 물·모래놀이를 위한 자료가 있으나 다양하지 않다.
    (　　) 물·모래놀이를 위한 자료가 거의 없다.

2. 교육 과정 계획

1. 실내 활동과 실외 활동을 균형 있게 계획하고 있다.
    (　　) 실내 활동과 함께 실외 활동을 매일 계획한다.
    (　　) 실내 활동과 함께 실외 활동을 포함시키나 실외 활동은 주 2, 3회 정도 계획
        한다.
    (　　) 실내 활동 위주로 계획한다.

2. 정적 활동과 동적 활동을 균형 있게 계획하고 있다.
    (　　) 정적 활동(예: 이야기나누기, 그림 그리기, 동화 듣기)과 동적 활동(예: 신체 표현,
        게임, 실외놀이) 간에 균형이 있다.
    (　　) 정적 활동이나 동적 활동을 모두 계획하나 한쪽이 더 많다.
    (　　) 정적 활동을 주로 한다.

3. 일과에 자유선택 활동 시간을 충분히 계획한다.
    (　　) 자유선택 활동 시간이 하루에 최소 3시간 또는 그 이상이다.
    (　　) 자유선택 활동 시간이 하루에 1~2시간 정도이다.
    (　　) 자유선택 활동 시간이 하루에 1시간 미만이다.

4. 교육 활동은 교과목 형태로 구분하기보다 서로 연관성을 갖고 통합적으로 운영한다.
  (   ) 교육 활동은 교과목 형태(예: 음악 시간, 미술 시간)로 구분하지 않으며, 연관성을 갖고 통합적으로 운영한다.
  (   ) 교과목으로 나누지는 않았으나 활동 간의 연관성이 적다.
  (   ) 교과목으로 나누어 활동하고 활동 간에는 연관성이 없다.

5. 교육계획안에 일상 생활 관련 활동과 지역사회 시설을 이용한 활동을 포함한다.
  (   ) 일상 생활 관련 활동(예: 산책, 가게 가기)과 지역사회 시설(예: 공원, 박물관, 도서관, 소방서)을 이용한 활동을 한 학기에 6회 이상 실시한다.
  (   ) 이상의 활동을 한 학기에 3~5회 실시한다.
  (   ) 이상의 활동을 한 학기에 1, 2회 실시한다.

6. 일과 계획은 일기 변화, 유아의 흥미, 기타 우발적인 사건에 따라 융통성 있게 운영한다.
  (   ) 일과 계획은 일기 변화, 유아의 흥미, 기타 우발적인 사건에 따라 융통성 있게 운영한다.
  (   ) 일기의 변화에 따라 일과가 변화할 수는 있으나 유아의 흥미나 우발적인 사건은 반영하지 못한다.
  (   ) 융통성 없이 계획된 일과대로 운영한다.

7. 한 활동에서 다른 활동으로의 전이가 자연스럽게 이루어지도록 운영한다.
  (   ) 한 활동에서 다른 활동으로 옮길 때에는 유아에게 미리 알려주고 개별 유아의 상황을 고려하여 무리 없이 진행한다.
  (   ) 전이 과정이 약간 무리하게 진행되는 경우가 있다.
  (   ) 전이 과정의 대부분이 유아의 상황을 고려하지 않고 무리하게 진행된다.

3. 교육 과정 운영

1. 감각을 이용한 다양한 경험과 소근육을 이용한 활동을 제공한다.
  (   ) 실물 자료를 이용한 감각 탐색과 소근육을 이용한 다양한 활동을 제공한다.
       (예: 소리 구별하기/촉감상자 이용하기/구슬 끼우기/그림 맞추기/블록 끼우기).
  (   ) 활동이 제공되기는 하나 탐색을 위한 실물 자료가 제한되고 소근육 활동 자료가 다양하지 않다.
  (   ) 감각 탐색을 위한 기회나 소근육을 이용한 활동이 거의 제공되지 않는다.

2. 실물을 가지고 수/과학에 관련된 활동을 제공한다.
   (   ) 다양한 실물 자료를 이용한 수/과학 활동이 자주 제공된다.
       (예: 분류, 일 대 일 대응, 수세기/동·식물 관찰, 실험)
   (   ) 수/과학 활동이 제공되나 실물 자료는 부분적으로 이용한다.
   (   ) 수/과학 활동을 거의 하지 않거나 주로 평면 자료를 이용한다(예: 수 놀이책).

3. 듣기·말하기의 기회와 읽기·쓰기에 관심을 갖게 하는 활동을 제공한다.
   (   ) 유아에게 듣기·말하기에 대한 기회를 제공하고, 읽기·쓰기에 관심을 갖게 하는
       활동을 자주 제공한다.
       (예: 동화 듣기/경험한 내용 말하기/그림동화 읽기/모양 그리기)
   (   ) 네 영역에 관련된 활동이 이루어지나 한두 영역에 치우쳐 있다.
   (   ) 학습지를 이용하여 읽기, 쓰기 연습을 주로 한다.

4. 다양한 역할놀이를 할 기회를 제공한다.
   (   ) 유아에게 다양한 종류의 역할놀이를 할 기회를 제공한다.
       (예: 가족놀이/병원놀이/음식점놀이/전화놀이/소방서놀이/우주선놀이)
   (   ) 1, 2가지 역할놀이만 제공한다.
   (   ) 역할놀이의 기회가 거의 제공되지 않는다.

5. 쌓기놀잇감을 이용한 구성 활동의 기회를 제공한다.
   (   ) 쌓기놀잇감을 이용하여 다양한 구성 활동을 자유롭게 할 수 있다.
       (예: 탑쌓기/집 구성/마을 구성/동물원 꾸미기)
   (   ) 구성 활동이 이루어지나 교사가 놀잇감이나 놀이 공간을 일부 제한한다.
   (   ) 구성 활동을 위한 기회가 거의 없다.

6. 다양한 음률 활동의 기회를 제공한다.
   (   ) 다양한 악기와 자료를 활용한 창의적인 음률 활동의 기회를 제공한다.
       (예: 리듬 악기로 다양한 소리내기/음악 듣고 스카프나 리본 테이프로 표현하기)
   (   ) 창의적인 음률 활동보다 따라하는 활동이 많고, 악기나 자료가 다양하지 않다.
       (예: 노래 따라하기/율동 따라하기)
   (   ) 창의적인 음률 활동의 기회가 거의 없고, 교사를 따라하는 활동이 대부분이다.

7. 여러 가지 자료를 활용하여 미술 활동의 기회를 제공한다.
( ) 여러 가지 자료를 활용하여 다양한 미술 활동을 창의적으로 할 수 있는 기회를 제공한다(예: 그리기/만들기/콜라주/입체 꾸미기).
( ) 여러 가지 자료를 제공하지만 창의적인 활동보다는 모방 활동이 많다.
(예: 교사가 만든 견본 작품 따라하기)
( ) 1, 2가지 자료를 제공하며, 1종류의 활동을 주로 한다(예: 그리기).

8. 실외나 실내 놀이 공간에서 대근육 운동과 신체 활동을 위한 시간을 제공한다.
( ) 실외나 실내 놀이 공간에서 대근육 운동과 신체 활동을 매일 제공한다.
( ) 대근육 운동과 신체 활동의 기회를 주 3, 4회 제공한다.
( ) 대근육 운동과 신체 활동을 위한 기회가 주 2회 이하 또는 거의 없다.

9. 물놀이와 모래놀이를 위한 시간을 계획하여 제공한다.
( ) 다양한 놀잇감을 이용한 물·모래놀이를 1주일에 3회 이상 계획하여 제공한다.
( ) 물·모래놀이가 주 1, 2회 제공된다.
( ) 물·모래놀이를 위한 기회가 주 1회 미만 또는 거의 없다.

10. 예절과 질서 등의 기본 생활 습관에 관련된 활동을 제공한다.
( ) 예절과 질서 등의 기본 생활 습관에 관련된 활동을 자주 제공한다.
(예: 예절, 질서/ 청결, 건강, 안전)
( ) 예절과 질서 등의 기본 생활 습관에 관련된 활동을 가끔 제공한다.
( ) 기본 생활 습관을 교육 내용으로 거의 다루지 않고 있다.

11. 친구와 나누기, 협동하기, 도와주기 등 친사회적 행동과 관련된 활동을 제공한다.
( ) 유아에게 친사회적 활동 기회를 제공하며, 관련 상황을 활용한다.
(예: 놀잇감 나누기/ 공동 작업, 게임에서 협동하기/ 점심상 도와주기)
( ) 유아에게 친사회적 활동 기회를 제공하지만 이야기 나누기 시간을 주로 이용한다.
( ) 친사회적 활동 기회가 거의 제공되지 않는다.

12. 교사는 유아의 놀이를 지속시키고 확장시키기 위한 상호작용을 한다.
    (   ) 교사는 놀이를 지속시키고 확장시키기 위해 필요한 자료를 제공하거나 제언을
          한다.
    (   ) 교사는 놀이에서 주로 단순한 반응을 한다.
    (   ) 유아의 놀이에 개입하지 않거나 부적절한 반응을 한다.

13. 유아가 자신의 속도에 맞게 활동할 수 있도록 충분한 시간을 준다.
    (   ) 유아가 자신의 속도에 맞게 활동하도록 충분한 시간을 주고 기다린다.
    (   ) 유아가 자신의 속도에 맞게 활동하도록 시간을 주지만 교사가 재촉하는 경우도
          있다.
    (   ) 전체 유아가 동일한 시간에 활동을 마치도록 한다.

14. 교사가 전달하는 말은 유아가 이해할 수 있도록 간결하고 명료하다.
    (   ) 교사가 유아에게 전달하는 말은 간단하고 분명하여 유아가 쉽게 이해할 수
          있다(예: 짧고, 주어와 동사가 분명한 문장).
    (   ) 교사의 말이 분명하지 않고 설명이 길 때가 가끔 있다.
    (   ) 교사의 말이 어렵고 지나치게 설명이 길다.

15. 교사는 유아의 주의를 끌 수 있도록 실물이나 시청각 자료를 활용하여 설명한다.
    (   ) 유아의 주의를 끌 수 있도록 실물이나 시청각 자료를 다양하게 이용하여 활동을
          진행한다(예: 자연물, 실물/슬라이드, 비디오, 실물 환등기, OHP).
    (   ) 실물이나 시청각 자료를 이용하나 평면 자료(예: 그림)를 더 많이 이용한다.
    (   ) 평면 자료를 주로 활용하거나 자료 없이 활동을 진행한다.

16. 유아에게 "예/아니오"의 단순한 대답을 요구하는 질문보다 개방적인 질문을 한다.
    (   ) 유아에게 개방적인 질문을 하여 다양하게 사고하고 대답할 수 있게 한다.
          (예: "왜 그럴까?", "어떻게 될까?")
    (   ) 개방적인 질문을 사용해야 하는 경우에 단순한 대답을 요구하는 질문을 한다.
    (   ) 개방적인 질문을 거의 하지 않는다.

17. 유아의 즉흥적인 생각이나 아이디어를 수용하여 학습 활동으로 연결시킨다.

( ) 유아의 즉흥적인 생각이나 독특한 아이디어를 수용하여 학습 활동으로 연결한다.
(예: "끈적이는 것이 모두 풀이 될 수 있을까?" ⇒ 풀 만들기 실험으로 연결)

( ) 교사는 유아의 생각이나 아이디어를 수용하기는 하나 학습 활동과 연결되는 경우가 많지 않다.

( ) 유아의 생각이나 아이디어가 무시되거나 학습 활동으로 연결되지 않는다.

4. 건강과 안전

1. 보육실은 청결하고 환기가 되어 있으며, 습도가 적절하게 유지된다.

( ) 보육실은 청결하고 환기가 잘 되어 있으며, 습도를 조절하기 위해 가습기 또는 제습기(에어컨) 등을 사용한다.

( ) 보육실은 청결하나 환기와 습도 조절이 미흡하다.

( ) 보육실의 청소 상태가 청결하지 못하다.

2. 손 씻는 곳에 종이타올을 제공하거나 수건을 자주 교체한다.

( ) 종이타월을 제공하거나 수건을 자주 교체하며 마른 수건이 제공된다.

( ) 수건이 젖어 있는 경우도 있다.

( ) 수건이 대체로 젖어 있다.

3. 물컵은 청결하고 건조하게 관리한다.

( ) 물컵은 청결하고 건조하게 관리한다.

( ) 물컵은 청결하게 관리하나 건조하게 보관하고 있지는 않다.

( ) 소수의 물컵을 교체하지 않고 사용하여 관리 상태가 청결하지 않다.

4. 유아의 칫솔과 양치컵은 청결하고 건조하게 관리한다.

( ) 칫솔과 양치컵은 청결하게 관리하고 건조한 곳에 따로 보관한다.

( ) 칫솔과 양치컵은 청결하나 건조한 곳에 보관하고 있지는 않다.

( ) 칫솔과 양치컵의 관리 상태가 청결하지 않다.

5. 교사는 유아와 개별적으로 또는 소집단으로 활동할 때 학급 전체 상황을 수시로 관찰한다.
  ( ) 교사는 모든 유아를 수시로 관찰하여 학급 전체에서 일어나는 상황을 파악하고 있다.
  ( ) 교사는 학급 전체에서 일어나는 상황을 관찰하지 못하는 경우가 가끔 있다.
  ( ) 교사는 학급 전체 상황을 관찰하지 않는다.

6. 교사는 실내 설비와 교재·교구의 안전 및 파손 여부를 매일 점검한다.
  ( ) 실내 설비의 안전과 교재·교구의 파손 여부를 매일 점검하여 실내 환경에 날카로운 모서리나 거친 표면, 부딪힐 위험 등의 위험 요소가 없다.
  ( ) 실내 설비의 안전과 교재·교구의 파손 여부를 주 1, 2회 점검하고, 실내 환경에 위험 요소가 없다.
  ( ) 실내 설비의 안전과 교재·교구의 파손 여부를 2주에 1회 정도 점검하고, 실내 환경에 위험 요소가 가끔 있다.

7. 전기 콘센트에는 안전덮개가 있다.
  ( ) 유아의 손이 닿는 곳의 모든 전기 콘센트에는 안전덮개가 있다.
  ( ) 안전덮개가 없는 전기 콘센트가 1개 있다.
  ( ) 안전덮개가 없는 전기 콘센트가 2개 이상이다.

8. 위험한 물건은 유아의 손이 닿지 않는 곳에 보관한다.
  ( ) 교사용 접착 본드, 세척제, 칼, 송곳 등의 위험한 물건은 유아의 손이 닿지 않는 곳에 보관한다.
  ( ) 위험한 물건을 유아의 손이 닿지 않는 곳에 보관하나 가끔 지켜지지 않을 때도 있다.
  ( ) 위험한 물건을 유아의 손이 닿는 곳에 두고 있다.

9. 교사는 유아의 일일 건강 상태를 시진한다.
  ( ) 하루 중 수시로 유아의 건강 상태를 시진한다.
  ( ) 유아의 일일 건강 상태를 시진하지 못할 때도 있다.
  ( ) 유아의 건강 상태를 시진하지 못할 때가 많다.

10. 식사와 간식 시간은 즐겁게 상호작용하는 분위기에서 이루어진다.
    (   ) 식사와 간식 시간은 교사와 유아가 즐겁게 상호작용하는 분위기에서 이루어진다.
    (   ) 식사와 간식 시간에 상호작용이 가끔 이루어진다.
    (   ) 식사와 간식 시간에 상호작용이 거의 없다.

11. 유아의 외모를 교사가 돌봐주거나 지도한다.
    (   ) 유아의 세수하기, 옷 입기, 머리 빗기 등을 교사가 돌봐주거나 지도한다.
           (특히 낮잠 시간 후, 실외놀이 시간 후, 식사 시간 후)
    (   ) 모든 유아의 세수하기, 옷 입기, 머리 빗기 등을 돌봐주지 못하는 경우가 있다.
    (   ) 세수하기, 옷 입기 등을 교사가 돌봐주지 못한다.

12. 유아의 옷은 날씨, 실내외의 온도에 맞게 입도록 지도한다.
    (   ) 유아의 옷은 실내외 온도에 맞게 입도록 지도하며(예: 추운 날씨에 겉옷 입고
           나가기), 여벌의 옷을 항상 준비하여 땀이나 물에 젖은 경우 갈아입도록 한다.
    (   ) 온도에 맞게 옷을 입도록 지도하지 못하는 경우가 있고, 필요한 여벌의 옷이
           없을 때가 가끔 있다.
    (   ) 온도에 맞게 옷을 입도록 지도를 하지 못하며, 갈아입을 여벌의 옷이 준비되어
           있지 않다.

5. 교사-유아 상호작용

1. 교사는 모든 유아를 존중하며 평등하게 대한다.
    (   ) 성별 혹은 가정 배경 등에 상관없이 모든 유아를 존중하고 평등하게 대한다.
    (   ) 유아를 평등하게 대하려고 하나 가끔 교사의 가치나 선호에 따라 평등하지 못한
           경우도 있다.
    (   ) 교사의 가치와 선호에 따라 유아에 대한 태도가 달라진다.

2. 교사는 등·하원시 유아에게 따뜻하게 대한다.
    (   ) 유아를 항상 따뜻하게 대한다.
    (   ) 유아를 따뜻하게 대하지 못할 때가 가끔 있다.
    (   ) 유아를 따뜻하게 대하지 않는다.

3. 교사는 유아와 개별적으로 대화를 나눈다.
   (　　) 교사는 일과 중 거의 모든 유아와 개별적으로 이야기를 나눈다.
   　　　 (예: 가족 이야기, 그 날의 옷차림에 대하여)
   (　　) 교사가 유아 중 일부와 개별적으로 이야기를 나눈다.
   (　　) 교사는 유아와 개별적으로 이야기를 나눌 기회가 거의 없다.

4. 교사는 유아와 긍정적인 신체적 상호작용을 한다.
   (　　) 교사는 유아와 미소 짓기, 안아주기, 쓰다듬기 등의 긍정적인 신체적 상호작용을
   　　　 자주 한다.
   (　　) 교사는 긍정적인 신체적 상호작용을 가끔 한다.
   (　　) 교사는 긍정적인 신체적 상호작용을 거의 하지 않는다.

5. 교사는 유아와 이야기를 나눌 때 유아의 눈높이에 맞게 자세를 낮춘다.
   (　　) 교사는 유아와 이야기를 나눌 때 항상 유아의 눈높이에 맞게 자세를 낮춘다.
   (　　) 유아와 눈높이를 맞추지 않고 이야기를 나누는 경우도 가끔 있다.
   (　　) 교사가 유아와 눈높이를 맞추지 않고 이야기하는 경우가 대부분이다.

6. 하루의 일과가 유아의 실수나 시행착오가 수용되는 분위기 속에서 진행된다
   (　　) 하루의 일과가 유아의 실수나 시행착오가 수용되는 분위기에서 진행된다.
   (　　) 유아의 실수나 시행착오가 수용되지 않는 경우가 가끔 있다.
   (　　) 유아의 실수나 시행착오에 대해 꾸짖는 경우가 많다.

7. 교사는 유아를 긍정적인 방법을 사용하여 지도한다.
   (　　) 유아를 지도할 때 비판이나 위협 등 부정적인 방법을 사용하기보다 칭찬과
   　　　 격려 등 긍정적인 방법을 주로 사용한다.
   (　　) 긍정적인 방법과 함께 부정적인 방법도 가끔 사용한다.
   (　　) 긍정적인 방법보다 부정적인 방법을 더 사용한다.

8. 유아의 질문과 요구에 귀를 기울이고 언어적으로나 신체적으로 적절하게 반응한다.
   (　　) 유아의 질문과 요구에 귀를 기울이고, 필요한 경우에 언어적으로나 신체적으로
   　　　 적절하게 반응한다.
   (　　) 유아의 질문과 요구에 대해 적절하게 반응하지 못하는 경우도 가끔 있다.
   (　　) 유아의 질문이나 요구가 무시될 때도 있다.

9. 교사는 유아의 감정을 수용하여 반응한다.
( ) 교사는 유아의 감정을 수용해주고, 유아의 감정을 이입하여 반응한다.
( ) 유아의 감정을 수용은 하나 감정을 이입하여 반응하지 못하는 경우도 있다.
( ) 유아의 감정을 수용하지 못한다.

10. 교사는 유아와 함께 놀이에 참여하면서 즐긴다.
( ) 교사는 유아와 함께 놀이에 참여하고 이를 즐긴다.
( ) 유아와 함께 놀이에 참여하지만 즐기지 않을 때도 있다.
( ) 유아의 놀이에 거의 참여하지 않는다.

11. 교사는 유아 간의 갈등이나 문제 해결을 위해 적절히 개입한다.
( ) 교사는 유아 간에 갈등이나 문제가 있는 경우에 유아 스스로 해결할 수 있도록
지도하며, 필요에 따라 적절히 개입한다.
( ) 유아 간의 갈등이나 문제를 유아 스스로 해결하기보다 교사가 해결해주는
경우가 가끔 있다.
( ) 유아 간의 갈등이나 문제를 주로 교사가 해결한다.

〈부록 8〉

어린이집 부모 설문지

목적 : ① 어린이집과 가정 간의 의사소통 및 부모 참여의 정도 파악
　　　　② 부모의 프로그램에 대한 평가 및 자녀 반응 수집
　　　　③ 어린이집 프로그램에 관한 이용자의 의견 수렴

실시방법 : ① 설문지 형태로 제작해 개별 봉투에 넣어 부모에게 배부한다.
　　　　　② 회답 방식에서 담당 교사가 응답 내용을 알 수 없도록 밀봉하여 사무실에
　　　　　　제출하거나 우송하도록 한다.

평가영역별 문항 :

평가영역	해당문항
1. 어린이집과 가정 간의 의사소통	문항2의 ① ~ ⑧ 문항5의 ① ~ ⑦
2. 기관 안내 및 정보 제공	문항3의 ① ~ ⑦
3. 부모 참여 정도	문항4의 ① ~ ⑩
4. 자녀의 어린이집에 대한 반응	문항6의 ① ~ ⑥
5. 부모의 프로그램에 대한 평가	문항6의 ⑦ ~ ⑯ 문항7

어린이집 부모 설문지

부모님께

본 설문지는 자녀가 다니는 어린이집에 대한 부모님들의 생각을 알아봄으로써 어린이집과 가정 간의 협조를 더욱 강화하기 위해 만들어졌습니다. 부모님들이 평소에 갖고 계신 생각을 솔직하게 표현해주시기를 부탁드리며, 아울러 개별 응답 내용은 비밀로 지켜질 것임을 알려드립니다.

동봉한 봉투에 넣어 밀봉하신 후 사무실에 제출해주시면 감사하겠습니다.

○ ○   어린이집

1. 귀댁 자녀의 연령은? 만 _____ 세 (남 · 여)

   자녀는 현재의 어린이집에 얼마나 다녔는지요?

   _____ 년 _____ 가월

2. 다음은 어린이집과 가정 간의 협조에 대한 내용입니다. 각 항목이 귀댁 자녀의 어린이집 사항과 일치하면 "예", 일치하지 않으면 "아니오", 모르겠으면 "모름"에 ○표 하십시오.

문 항	예	아니오	모름
① 신입 원아의 경우 어린이집의 하루일과에 적응할 수 있도록 보육 시간을 조절한다.			
② 어린이집은 부모들이 원할 경우, 가능한 시간에 방문하거나 자녀를 관찰할 수 있다.			
③ 어린이집의 부모 모임을 통해 자녀 양육에 관한 유익한 정보를 얻을 수 있다.			
④ 어린이집 운영에 부모들의 의견이 반영된다.			
⑤ 부모는 교사와 정기적(최소 1년에 2회)으로 개별 면담 시간을 가지고 자녀의 특성이나 지도 방법에 대해 이야기를 나눈다.			
⑥ 자녀에게 어떤 문제가 생겼을 때에는 어린이집 교사와 상의 한다.			
⑦ 오전과 오후의 교사가 바뀌더라도 부모는 하루 동안 자녀에게 생긴 일에 대한 이야기를 전달 받는다.			
⑧ 교사와 부모는 자녀의 문제를 의논하거나 발달을 돕기 위해 함께 협조한다.			

3. 부모님께서는 어린이집으로부터 다음에 관한 안내나 필요한 정보를 얻으셨습니까? 해당 사항에 **모두** ○표 하십시오.

    (   ) ① 어린이집의 교육 방침 및 내용
    (   ) ② 어린이집의 운영 방침을 서술한 인쇄물
    (   ) ③ 보육비
    (   ) ④ 보육 시간, 어린이집 휴일
    (   ) ⑤ 급식과 간식에 관한 정보
    (   ) ⑥ 유아의 질병, 상해에 관한 규칙
    (   ) ⑦ 유아의 생활 적응 정보

4. 부모님께서는 어린이집의 어떤 활동에 참여하셨습니까? 해당 사항에 **모두** ○표 하십시오.

    (   ) ① 부모 회의
    (   ) ② 신입 원아를 위한 부모 오리엔테이션
    (   ) ③ 견학갈 때 보조
    (   ) ④ 참여 수업
    (   ) ⑤ 어린이집 행사(예: 가족 잔치, 생일 파티, 연말 행사 등)
    (   ) ⑥ 교사와의 개별 면담
    (   ) ⑦ 교사와의 집단 면담
    (   ) ⑧ 환경 정리 및 보육실 청소
    (   ) ⑨ 자원 봉사(내용을 구체적으로 적어주십시오. _____)
    (   ) ⑩ 기타(어떤 활동인지 설명하십시오. _____)

5. 부모님께서는 자녀가 어린이집에서 경험하는 매일의 생활이나 특별한 사건에 대해 어떤 방법으로 알 수 있으신가요? 사용되는 방법에 **모두** ○표 하십시오.

    (   ) ① 등·하원시 교사와의 짧은 대화
    (   ) ② 일일 보고서
    (   ) ③ 개별 쪽지
    (   ) ④ 전화
    (   ) ⑤ 자녀를 부모대신 데려오는 사람(예: 할머니)이 전하는 말
    (   ) ⑥ 자녀와의 대화
    (   ) ⑦ 기타(어떤 방법인지 적어주십시오. _____)

6. 다음은 어린이집에 대한 부모님과 자녀의 느낌에 관한 내용입니다. 각 문항에 대해 "정말 그렇다", "어느 정도 그렇다" 또는 "아니다" 중 하나를 택하여 ○표 해주십시오.

문 항	정말 그렇다	어느 정도 그렇다	아니다
① 우리 아이는 어린이집에 가는 것을 즐거워한다.			
② 우리 아이는 어린이집의 교사를 따르고 좋아한다.			
③ 우리 아이는 어린이집의 친구들을 좋아한다.			
④ 우리 아이는 어린이집에 다니면서 생활 습관(먹는 습관, 손 씻기 등)이 좋아지고 있다.			
⑤ 우리 아이는 어린이집에 다니면서 언어 표현이 다양해지고 있다.			
⑥ 우리 아이는 어린이집에서 하던 놀이를 집에서도 하고 싶어한다.			
⑦ 놀이실 공간의 크기는 유아 수에 적절하다.			
⑧ 어린이집은 깨끗하고 유아의 건강에 도움이 되는 환경을 제공한다.			
⑨ 놀이실 안에는 놀잇감과 교육 자료가 풍부하다.			
⑩ 어린이집은 영양가 있는 식단으로 음식을 제공한다.			
⑪ 어린이집의 분위기는 가정처럼 편안하고 안정된 느낌을 준다.			
⑫ 교사는 모든 아이들을 따뜻하게 대하고 존중한다.			
⑬ 어린이집은 아이들에게 도움이 되고 재미있는 활동을 제공한다.			
⑭ 어린이집을 통해 얻은 자녀 교육 정보를 가정에서 활용한다.			
⑮ 우리 아이가 다니는 어린이집에 대해 만족한다.			
⑯ 우리 아이의 담당 교사를 신뢰한다.			

7. 현재의 어린이집에 대해 좋다고 생각하는 점이나 개선되었으면 하는 점이 있으시면,
   아래의 여백에 자유롭게 적어주십시오.

〈1〉좋은 점: _____

_____

_____

〈2〉개선될 점: _____

_____

〈부록 9〉

관찰자 명단

이름	(소속)
박영신	(연세대학교 아동·가족 전공 석사과정)
박진재	(연세대학교 아동·가족 전공 박사)
손승희	(연세대학교 아동·가족 전공 석사)
송혜린	(선릉삼성 어린이집 원장)
신혜영	(삼성전자 어린이집 원장)
정선영	(연세대학교 아동·가족 전공 석사)
최혜영	(연세대학교 아동·가족 전공 박사과정)
한혜원	(연세대학교 아동·가족 전공 석사)

인지
생략

삼성어린이개발센터 새책 35

어린이집 프로그램 관찰척도 : 사용지침

초판 2쇄 · 2011 . 3. 2.

저 자 · 이은해 · 최혜영
송혜린 · 신혜영
발행인 · 김혜옥
발행처 · 다음세대

서울 · 동대문구 신설동 92-7 ㉾130 - 110
전화 · 927-2121~5(영업부)
928-3390~1(출판부)
팩스 · 928-0698
http://www.boyuksa.co.kr
등록 · 1994. 7. 22. 제5-443호

ⓒ재단법인 삼성복지재단
서울시 중구 순화동 7번지 중앙일보 7층

전화 · 750-7886

ISBN-89-5723-016-5-93370

값 10,000원

파본은 본사나 구입하신 서점에서 교환하여 드립니다.